U0904649

教学测量与评价

周海银　著

山东大学出版社

图书在版编目(CIP)数据

教学测量与评价/周海银著. —济南:山东大学出版社，2015.9 （2025.6重印）
ISBN 978-7-5607-5374-4

Ⅰ.①教… Ⅱ.①周… Ⅲ.①教学评估 Ⅳ.①G420

中国版本图书馆 CIP 数据核字(2015)第 234326 号

责任策划:滕希功
责任编辑:黄福武
封面设计:张 荔

出版发行:山东大学出版社
社 址 山东省济南市山大南路 20 号
邮 编 250100
电 话 市场部(0531)88364466
经 销:山东省新华书店
印 刷:泰安市富蓉印刷有限公司
规 格:880 毫米×1230 毫米 1/32
8.875 印张 221 千字
版 次: 2015年9月第1版
印 次: 2025年6月第2次印刷
定 价: 26.00元

目　录

第一章 教学测量与评价概述

教学测量与评价是检验教师教学成效、确定学生学习是否达到教学目标的有效手段，是现代教学不可或缺的重要环节。教学测量与评价在教学中发挥的重要作用，使其成为当代教育科学研究的三大领域之一。研究教学测量与评价，首先应界定和探讨教学测量与评价的基本问题，其次要了解其发展的历史进程，以便于分析现状和深入探究，并提供历史的依据。

第一节 教学测量与评价的基本问题

教学测量与评价是教育教学活动中的一个子系统，与教育教学活动中的其他子系统相互联系、相互影响。因此，界定与探讨教学测量与评价的基本问题不仅对教学测量与评价本身的研究与实施起重要作用，而且还对整个教育教学活动的研究具有重要的意义。

一、教学测量的概念

（一）概念界定

关于教学测量的解释众说纷纭，要想清晰界定其含义必须理清与其相关的一些概念。

1. 测量

“测量是根据一定的法则，对事物属性用数字进行描述的过程。测量的基本特征是对事物进行区分，本质上是一种比较的活动，在对事物进行区分比较的过程中，按照一定的法则，把区分的结果用数字的形式表现出来。”[①]因此，测量包括三大要素：一是事物的属性，即测量的对象；二是数字，即描述事物属性的符号；三是规则，即给事物的属性分派数字的依据。

2. 测验

测验是测量一个行为样本的系统程序，即通过观察少数具有代表性的行为或现象来量化描述人的心理特征。衡量一个测验效果的高低主要从三个方面考虑，即行为样本、测验过程的标准化和测验评估的客观性。

3. 教学测量

教学测量就是借助于学业测验对那些经过学习和训练之后的学生所获得的技能和知识进行定量考核的一种方法。概括起来，教学测量即是根据一定的标准，对一定的教学对象进行的数字化衡量。它涉及的范围非常广，如对教育经费、物资设备或者对学生思想品德、学习成绩的测量等都属于教学测量的范围。用数学语言来说，教学测量是根据一定的标准，在特定的教学对象和一个数集之间建立一个函数关系，并求得其函数值的过程。通过以下三个例子可以进一步厘清教学测量的概念：

案例 1：对一个班 50 个学生进行一次数学测验就是一个教学测量，因为在这个过程中给每个学生的数学学习水平建立了一个函数关系，其值域是[0,100]这样一个区间，最后得到的是每个同学的成绩。

案例 2：对一所中学所有数学教师的教学水平进行一次测量，

① 宋岭梅：《教学测量学》，华中师范大学出版社 1991 年版，第 22 页。

最后每个教师的教学水平都用 0～10 的成绩表示出来。

案例 3：为了解学生的数学能力，给学生出了一套试题，让学生来做，最后给每个学生打一个 0～100 之间的成绩。

测试、测量与测验三者意思相近，特别是前两个，有时候可以通用。但测试与测量最大的不同是测试不一定要求给出明确的分数，给出甲乙丙丁这样的等级也是可以的。测试更偏重是否达标，得到大约一个什么等级这样的结果，而测量更偏重于给出数字表示，不作任何评价。测验多用于学生学习成绩测定，不常用于其他方面。

（二）教学测量的基本要素

教学测量主要有五大基本要素：

1. 法则。也就是教学测量依据的标准。每一种教学测量都要依据一定的标准，也就是衡量的标尺。

在数学教学中，教师测量学生的数学水平，依据的法则是学生对知识的理解程度以及能解决问题的数量和速度；测量学生的数学学习积极性，依据的法则是学生听课、完成作业的态度和质量等。

2. 教学对象。教学测量的对象是学生的某些内在属性，比如学生的学习能力、品德、心理健康、学习观念等。教学测量必须是对一定的测量对象进行的，没有测量对象，教学测量就失去了存在的意义。

3. 测量单位。教学测量必须要有一个测量单位，因为只有有了测量单位才会有数字结果。一个测量的结果其实就是测量单位的累计。比如，一个人的身高假如是 182 厘米，那么这其实就是 182 个厘米的累计。

测量单位如果太大，则有可能看不出差别。如果用现在一般考试的 20 分作为一个单位来测量学生的数学学习水平，则学生的数学学习水平只有 5 个成绩，即 1 分、2 分、3 分、4 分和 5 分，这样就很难看出学生数学学习水平之间的细微差别，这就是为什么5分制改为100分制的原因。相反，测量单位太小也不方便，那样会增添许多测量的麻烦，有可能导致测量无法进行下去。如果我们以现在测量单位的1%来测量学生的数学水平，就很难进行下去，尽管那样可以更好地区分学生的情况。

4. 参照点。即测量的起点或零点。只有确定好了零点，才能得出合理的结果。

5. 量表。量表是教学测量的工具，必不可少。譬如试题就是一个量表。在教学测量中经常会用到四种量表，即名称量表、等级量表、等距量表和比率量表。名称量表是用同一数字表示某一类事物的属性；等级量表是指对同一事物属性按照数量的大小进行排列；等距量表使用相等单位来测量事物的属性；比率量表既有大小之分和相同单位，还有绝对零点的事物属性。

（三）教学测量的特点

1. 测量结果的间接性

任何教学测量都是对相关反映或代表的直接测量，而不是对实际内容的直接测量。譬如，在教学活动中，教师对学生数学学习水平的测量，是通过测量学生对问题的解决能力来进行的；对学生数学学习动机的测量，是通过测量学生对数学学习的态度以及完成作业的质量来进行的。教学测量之所以有间接性的特点，主要是它一般不直接测量要测量的内容，这是因为是有些内容无法直接测量。比如能力、动机、水平等都无法直接测量。

2. 测量结果的相对性

任何教学测量最后都要给出一个数字结果。这个结果只是说明了测量对象此时此刻在整体中的位置，而不能说明其绝对成绩，更不能说明其永远处于这个位置。

3. 测量结果有待于评价

任何测量结果产生之后，都要根据一定的标准来进行评价，不作评价的测量结果是无意义的。比如一次关于数学学习焦虑程度的测量，测量结果显示一个学生的得分为40分，另一个学生为90分，直接观察这两个数字并没有任何意义。所以说，对于测量结果不作评价是没有意义的。

二、教学评价的概念

（一）教学评价的含义

对于“教学评价”至今还没有统一公认的科学定义。自提出以来，人们对教学评价内涵的理解是随着时代的变化而发展的。首次提出并正式使用“教学评价”这一概念的是美国学者拉尔夫·泰勒，其早期观点是：教学评价过程在本质上是确定课程和教学大纲实现教学目标的程度的过程。后来，克龙巴赫于1963年在其题为《通过评价改进课程》的论文中，对教学评价给出了一个比较详尽的定义：收集和使用信息以对某个教育项目进行决策。[①]

从泰勒关注目标的实现到克龙巴赫关注评价与教育过程的关系、评价的改进作用等可以看出，教学评价的定义正在不断地完善，正逐渐地接近它的本质。

教学评价的一般定义，简单地说即是对教学对象进行的价值判断。具体来说即遵循一定的原则，依靠一定的证据，在系统、科学、全面地分析教育信息的基础上，对教学对象的价值、过程和特点等进行判断的过程，其目的在于对课程、教学方法以及学生培养方案作出判断以促进教育改革，提高教育质量。下面的两个例子清楚地呈现了教学评价的过程。

案例1：笔者去听一位数学教师的授课，将这个老师使用的教学方法和过程记录下来，然后根据教学目标和教学原则，对这个老师的上课表现作一个评价，最后判断他的教学水平是否合格、究竟

① 参见涂艳国：《教学评价》，高等教育出版社2007年版，第4页。

到达一个什么样的水平、有哪些不足和可取之处等。

案例 2：我们观察一个学生的学习，将他的听课、做作业和预习等活动都记录下来，然后根据学习原则和目标，给出一个关于这个学生的学习是否合理、合理程度、存在的不足和长处的评述和判定。

另外，与教学评价相近的一个词是评估。评估是针对教学对象是否达标、是否有价值等的一种评价。可以说是一种简单的评价。评估一般很少鉴定级别和总结，仅仅是关于对象合格与否或达标与否的一种评价。

（二）教学评价的基本要素

1. 标准和原则。教学评价必须要有评价的标准和原则，教学评价的标准和原则只能是教学目标，不可能是其他项目。现在社会上存在一些不合理的教学评价，有的甚至否定了教学有目标，最终结果将会导致无法对教学活动进行评判。

2. 证据。证据是评价教学现象和对象的直接材料，没有证据的教学评价只会是泛泛而谈，不足为信。

3. 评价结果。任何一个教学评价都不能没有评价结果。通过评价结果，我们可以判断教学目标是否实现、教学效果如何、学生对知识的掌握程度及存在的问题等多方面的信息。教师利用这些信息可以进一步改善自己的教学方法和学生的学习习惯。另外，评价结果还可以为课程编制指明方向，成为推动课程改革的重要因素。

（三）教学评价的特点

1. 结果的概括性。任何评价结果都具有概括性、一般性和整体性，这些都是相对于整体来说的。

2. 评价的多样性。教学评价根据不同的评价标准常常会有不同的评价结果。比如教师的教学，根据国外的教学标准会形成另一种评价结果，根据国内的教学标准会形成另一种评价结果，根据社会教学标准也会形成一种评价结果。之所以会出现这些不同的评价结果，主要是因为评价标准不同。同时，评价指标有时候也会千差万别。另外，收集到的证据往往也是差别很大的。因此，评价之前确定一个统一的标准，收集好充足的证据，针对同样的信息来进行评价是至关重要的。

3. 主观性。教学评价是教师对以学生为主体的各种教育因素的一种价值判断。教师因各自的教育观念、职业成长经历、专业素养的不同，对相同问题会产生具有个人痕迹的不同看法，甚至出现百家争鸣的局面，所以评价都带有一定的主观性。

三、教学测量与评价的分类

由于教育教学观念、看问题的角度和基于教育理论的不同，不同的研究者对教学测量与评价的分类亦有所不同。

（一）教学测量的分类

根据不同的分类标准，教学测量有许多分类方法：

1. 根据测量的内容可以分为教学对象测量、学习测量与课程测量三种测量。

（1）教学对象测量。教学对象测量是对教学对象进行的测量，比如对教师教学水平、教学能力、教学质量或效率等的测量。

（2）学习测量。学习测量是对学习对象进行的测量，比如对学生学习能力、思维水平、学习效率等的测量。

（3）课程测量。课程测量是对课程内容进行的测量，比如对中学教材满意度、一门课程教学效果等的测量。

2. 根据测量的开展方法可以分为量表测量、问卷测量、访谈测量和统计测量。

（1）量表测量。量表测量也叫“试题测量”，是指通过编制标准化的量表对对象进行的测量。

（2）问卷测量。问卷测量是指通过编制含有一系列问题的调查问卷对对象进行测量。

(3)访谈测量。访谈测量是通过对相关人员的访问或者谈话从而了解某一教学现象或问题的测量。

(4)统计测量。统计测量是利用统计学的知识对教学对象进行的测量。例如统计学生做题的错误率就是统计测量。

3. 根据使用的题目是否标准化可分为标准化测量和非标准化测量。

标准化测量是由专家精心编制的、具有较高信度和效度的适合大范围应用的测量。非标准化测量的客观性和标准化程度不如标准化测量,可能具有多种评价标准和体系。前些年的数学标准化考试就是一个标准化的测量,现在的高考和中考使用的是非标准化测量。

4. 根据测量的目的可分为预测测量、诊断测量、形成测量、终结测量、难度测量和速度测量等。

(1)预测测量。预测测量是指对某一教育现象或教育问题发展变化趋势的测量。

(2)诊断测量。诊断测量是指对评价对象在教学活动前的状况和起点进行的测量。

(3)形成测量。形成测量是指在活动过程中及时评价以便调整教学活动的方向和目标的测量。

(4)总结测量。总结测量是指在教育教学活动结束后从整体上对教学活动进行评价的测量。

5. 根据测量题型可以分为客观测量、论文测量、投射测量和情境测量等。

(1)客观测量。客观测量的测量题目简单,评分标准很客观,又叫“收敛型测验”。

(2)论文测量。论文测量又叫“主观性测验”,采用论文形式,无标准答案,只有评分参考,又叫“发散型测验”。

(3)投射测量。投射测量要求被试者对一个给定的问题作出各种各样的反应，没有对错及质量上的高低区别，也没有标准答案。

(4)情景测量。情景测量设计一个实际的情景，检测被试者在此情景下的反应、分析、判断等情况。

6. 根据测量人数可以分为个体测量和团体测量。个体测量是指在规定时间内只测量一个评价对象；团体测量是指在规定时间内同时对多个评价对象进行测量。

此外，还有自我测量和他人测量。比如听课打分就是他人测量。

(二)教学评价的分类

根据不同的分类标准，教学评价亦有许多分类方法：

1. 根据评价的内容可以分为：教学评价、学习评价和课程评价。教学评价是指对教师及教学活动所进行的评价，譬如对教师的教学效果、教学方法及课堂管理能力的鉴定等；学习评价是指对学生及其所进行的学习活动的评价，教师对学生学习效果的单元测验就属于学习评价；课程评价是指在系统调查分析的基础上对各级各类课程以及课程的各种形态满足学生发展、学校变革和社会发展需要的程度作出价值判断的过程，课程评价的根本目的是促进学生更好地发展。①

2. 根据评价的实施阶段可以分为小学教学评价、中学教学评价和大学教学评价。

小学教学评价是指针对小学教学过程的各种元素的价值判断，如小学生的学习心理、学习兴趣的形成以及教师教学方法的选择等；中学教学评价是对中学教学过程中所涉及的教育元素的价值评估，如中学生独特的心理认知、学习态度、对教师教学风格的认可程度等；大学教学评价是对高等教育教学过程中各种影响教

① 参见涂艳国：《教学评价》，高等教育出版社2007年版，第465页。

学的因素的价值分析。相较于小学和中学阶段，大学教学活动更为丰富和多样化，因而大学教学评价的内容更多、更复杂。

3. 根据评价的结果是否给出准确的数字描述可以分为定性评价和定量评价。

定性评价是对教学作出的概括性的、旨在确定性质的评价，比如通过考试来确定学生学习是优秀还是良好，这种评价就是一种定性评价，关于数学学习兴趣、学习态度和学习积极性等评价，一般都是定性的评价；定量评价是结合数字或数学描述给出的评价，比如对一个班的学生作一个有关于数学学习的评价，是通过数表或图表给出的，点明了学生数学学习达到了什么程度、好学生的分布情况是怎样的、差生又具体占了多少百分比等，这就是定量评价。

4. 根据评价的时间可分为：诊断性评价、形成性评价和终结性评价。

(1)诊断性评价。诊断性评价是在教学活动开始之前进行的摸底性评价，目的是了解学生的学习基础和基本情况，为后续的教学奠定基础。

(2)形成性评价。形成性评价是在教学过程中进行的评价，它被用来了解教师的教学状况是否沿着既定的道路在行进、是否存在问题、有哪些问题等。

(3)终结性评价。终结性评价是一个教学阶段结束后所进行的评价，目的是了解教学目标的完成程度和教学任务的完成情况。

5. 根据评价参照的标准可分为相对评价、绝对评价和个体内差异评价。

(1)相对评价(常模参照评价)。相对评价是在评价对象团体中临时选择一个标准，以此来进行的评价。相对评价多用来促进教学实施或学生的学习。

(2)绝对评价(目标参照评价)。绝对评价是根据教学事前准备好的固定的标准进行的评价。绝对评价多用来考察目标完成程度和学生学业完成程度等。

(3)个体内差异评价即是以评价对象的某一状况作为评价标准而实施的评价。个体内差异评价可以帮助个体了解自身的情况,促进个体的进步与发展。

另外,教学评价根据评价主体的不同可分为自我评价和他人评价。

四、教学测量与评价的基本原则

教学测量与评价是一项重要的教学活动,有着十分重要的功能和意义,因此,进行教学测量与评价一般要遵循如下原则:

(1)正向引导的原则

正向引导原则是指教学测量与评价要以党的教育方针和教育教学目标为导向,从而帮助学校明确自己的使命和任务,规范学校的教学行为,避免出现偏离教学目标的现象,以此来促进教学,更好地实现教学目标,促进学生的全面健康发展。

(2)科学性原则

科学性原则是指在教学测量与评价的过程中要遵循学生认知发展的规律和教育教学规律,保证其客观、公正地进行。比如,评价一个中学生的数学水平,却用一份大学考试试题去测验,而学生并未取得高分,就判断这个学生的数学能力很差,这当然是不科学的。

(3)可行性原则

可行性原则是指制订的教学测量与评价计划必须是可行的,既坚持实事求是,又便于实践和操作。在教学测量与评价过程中,特别是测量过程中,有些人为了全面、准确和清晰地了解学生的情况而制订非常复杂的计划,比如一份包括500种不同题目的试题,要求学生在不受同学和教师影响的情况下,在两个小时之内完成。这样的计划并非不可以,而且可以说有足够的科学性,但是却不具备可行性。因为很难找到丝毫不受同学和教师影响的环境，并且在两个小时内完成这么庞大的计算量也是不符合实际的。

(4)完备性原则

完备性原则是指在对一个教育对象或教育事件进行测量与评价时，要进行全面的考察和评价，不可偏颇。比如，评价一个中学数学教师的教学水平，只单纯地看他所教学生的期末考试成绩，如果他的学生考试成绩在年级名列前茅则说这个老师的教学水平高，否则就低，这就是一种不全面的评价。

五、教学测量与教学评价的关系

教学测量与教学评价是有着密切关系的一对概念，它们既有区别又有联系。

(一)教学测量与教学评价的区别

1. 测量是事物数量特征的获得，纯属于对事物客观存在的真理性的认识。而教学评价则是对教育现象客体的价值进行判断，是对教育现象价值关系的认识。

2. 教学测量主要是对教学过程中的某一要素或几种要素进行真实的记录和叙述，目的是了解现象或事实的存在和面貌，是一种纯客观的过程，其突出特点是客观性。而教学评价是在充分调查、研究的基础上，对某一教学现象或问题进行价值分析和判断，因而其具有两种属性，即客观性和主观性。

3. 测量的任务是认识事物的量，是一种以量化为研究基础的事实分析。而评价作为一种认识活动，是人的意识对实践活动及结果的综合反映，它反映的是活动的过程和终点，又是新的实践活动的起点。

(二)教学测量与教学评价的联系

1. 教学测量是教学评价的基础

现代教育学、心理学和数学都非常注重教学测量，只有通过测量得到的证据才是科学、合理和客观的。在教育教学研究中，教学测量为各种研究开展提供了大量真实、客观的第一手资料，为研究的进一步开展奠定了坚实的基础。

教学评价是对某一教学现象或元素的价值判断，这决定它必须首先掌握教学现象或元素的大量数据，才可以窥探其全貌。

由此观之，教学评价必须以教学测量为基础，即在教学评价之前都必须进行教学测量。只有通过教学测量，掌握大量数量事实，教学评价才能做到全面、真实、可靠，最大限度地发挥评价对于教育教学活动的促进作用。

2. 教学评价是教学测量的归宿

如前所述，教学测量如果没有后续的教学评价是没有意义的，教学测量的结果仅仅是一个数字衡量结果。比如，在一次考试中，两个学生都得了 60 分。如果不对两个人的成绩进行评价，60 这个数字没有任何的意义。只有经过评价，才会知道这两个人的学习状况是否有进步、是否达标。这些数字只有经过教学评价的分析、判断，才能彰显出其存在的意义和价值。所以，教学评价是对教学测量的进一步深化，是开展教学测量的目标。

由此可见，教学测量与教学评价通常情况下会放在一起来讲，有时候二者还统称为“教学测评”。

六、教学测量与评价的功能

教学测量与评价不同于其他的处于理念中的教育教学理论，教学测量与评价是日常教学的有力保障，是促进教学的重要手段之一。

（一）鉴定—分级功能

教学评价起初侧重于鉴定和等级选拔的功能。布卢姆在《教学评价》一书中评析道：“考核被用来决定可以让谁进入高一级水平。作为这种过程的一部分，考核的结果与教师的判断已变成一种划分等级的制度，每年或更为频繁地把学生加以区分。”[①]

教学活动是一种有目的、有计划的实践活动，其是否达到教学目的所预期的目标，长期以来都是人们非常关注的问题。教学测量与评价活动就是以一定的标准体系为根据，对教学活动及相关问题进行价值分析与判断。在这个过程中，它要对被评价者与预期目标相符合的程度作出判断和衡量，从而发挥其鉴定分级的作用。所以，鉴定分级功能是教学测量与评价最基本、应用最广泛的功能。

（二）定向—激励功能

教学评价与测量是根据既定的指标进行价值辨析的活动。在这个过程中，活动主体经常以国家和社会的发展需要为依据，设计出一套评价的指标和标准。教学对象为了获得较为理想的学业成绩或评价结果，往往会以评价标准为参照物，更加刻苦努力以达到评价标准的要求。由此看来，教学测量与评价的标准就成为了教育对象的努力方向，起到了定向的功能。此外，教学测量与评价还能激励教育对象，促使他们正视自己的优点和不足，长善救失，提高教学、学习的积极性和主动性，从而保证教学活动的有序开展。

（三）诊断—完善功能

通过教学测量与评价，我们能发现教育活动中存在的问题，并且进一步判断导致这些问题的原因，从而找出对策，使教育教学活动得到完善。诊断—完善功能是现代教学测量与评价不可忽视的一个功能。

在教学过程中，往往会涉及很多因素，实施过程中难免出现问题，如教学方法不合理、学生不能深刻理解问题、学生解决问题的技巧掌握不牢固等问题。那么如何诊断出问题的症结所在？这些

① ［美］B. S. 布卢姆：《教学评价》，邱渊等译，华东师范大学出版社 1987 年版，第3～4 页。

问题只有通过测量与评价来诊断，以便于及时了解存在的症结和弊端，有针对性地改变策略和方法，从而改进教学，促进学生的发展。

（四）反馈—调节功能

通过教学评价与测量，研究者能够收集到教育教学实践活动契合社会发展需求及学生自身发展需要程度的信息，利用这些信息的反馈，对教育目标、培养目标、课程编制、教学过程和学习过程、品德的养成等加以调节和完善，深化对教学活动的发展现状与理想目标之间差距的理解和认识，并在此基础上对教学活动进行相应的调整和控制，不断提高教育活动自身的科学性、合理性，确保其沿着预定的目标前进，最终到达预期的目标。

第二节　教学测量与评价体系的发展历史

对教学测量与评价的研究经过了漫长的发展历程，在发展的过程中逐步完善。我国在该领域的研究起步较早，但发展缓慢。西方虽起步比我国晚，但发展迅速，并对我国现代的教学测量与评价体系产生重要影响。简单了解教学测量与评价体系的发展历史，不仅能为我们深入探究该领域知识提供历史的依据，而且对于制定教育政策、有效开展教学活动有非常重要的意义。

一、我国教学测量与评价体系的发展历程

我国的教学测量与评价体系起源很早，早在官学建立之初就产生了。大约在西周时期，我国出现了学校和教学活动，当时便开始有了教学测量与评价，比西方要早，可以说教学测量与评价的源头在中国。孙中山先生曾说：“现在各国的考试制度，差不多都是学英国的。穷根溯源英国的考试制度，原来还是从我们中国学过

去的。”①

早在西周(前1100～前771)时期,王都国学的大学中就设有定期的学业考查制度。《礼记·学记》中记载:“比年入学,中年考核。一年视离经辨志,三年视敬业乐群;五年视博习亲师,七年视论学取友,谓之小成。九年知类通达,强立而不反,谓之大成。”可以看出,当时的学生入学之后每隔一年就考查一次,并且具体规定了每次考查的内容和要求。由此可知,我国在西周时期,就已经有了教学测量与评价。

我国古代的教学测量与评价通过笔试进行。我国在西周时期出现笔试,并以笔试成绩取士,这是世界上最早的笔试。而诞生于隋朝的科举考试,使笔试更加科学化与规范化。《新唐书·选举志上》中详细记载了唐朝国子监算学科考试的方法和科目。其中提到:“凡算学,录大义本条为问答,明数造术,详明术理,然后为通。试《九章》三条、《海岛》《孙子》《五曹》《张丘建》《夏侯阳》《周髀》《五经算》各一条,十通六,《记遗》、《三等数》帖读十得九,为第。试《缀术》、《缉古》录大义为问答者,明数造术,详明术理,无注者合数造术,不失义理,然后为通。《缀术》七条、《缉古》三条,十通六,《记遗》、《三等数》帖读十得九,为第。落经者,虽通六,不第。”什么是录呢?就是记录,古代称为“帖经”,所谓“帖经者,以所习经掩其两端,中间开唯一行,裁纸为帖,凡帖三字”②。由此可见,笔试是我国古代教学测量与评价的一种非常重要的方式。

我国的科举制度始于隋,兴于唐,废于清末,历时1300余年,是我国实行时间最长的选士制度,也是比较完善的教学评价制度,对我国乃至世界的教育以及教学测量与评价体系的发展起到了十分重要的作用。日本学者槇田[illegible]一认为:“中国的科举制度就是古

① 转引自盛奇秀:《中国古代考试制度》,山东教育出版社1988年版,第128页。
② 转引自汪凤炎:《中国心理学思想史》,上海教育出版社2008年版,第361页。

代国家建立的具有划时代意义的和合理性的一种评价制度。”①

科举制度发展到后来已经严重阻碍了社会的进步，终于在清朝光绪三十一年废止。此后，从 1905～1949 年间，我国开始引入西方的教学测量与评价技术，同时，也伴随着自己独立的研究。但是，由于种种原因，我国近代对于教学测量与评价的研究进展缓慢，教学测量与评价的思想没有在中国生根发芽。

1949～1977 年，由于政治原因，我们全盘否定了西方资产阶级的教育方式，所以这一时期对教学测量与评价的研究实践几乎全面停止，既没有外来的引进，也没有自己的独立研究。改革开放以来，我国教学评价体系的理论和实践发展正式迎来了春天，尤其是伴随着新世纪课程改革，教学测量与评价体系的发展改革也越来越深入，朝着更加科学合理的方向发展。

二、西方国家教学测量与评价体系的发展历程

在西方古代，官学及考试产生于古希腊和古罗马时期。与我国古代不同的是，西方古代的教学测量和评价主要是通过口试进行的。直到 18 世纪初，英国的剑桥大学首先改口试为笔试。由于笔试方便、简单、易行，随着西方大中小学的增多，它逐渐成为一种普遍的教学测量与评价方法。

1864 年英国格林威治医院附属学校的一名教师费舍（Fisher），收集了很多学生的成绩样本，汇集成了一本学业量表《量表集》，作为衡量学生各科成绩的标准，由此开始了教学测量与评价的标准化方法。

1882 年英国心理学家高尔顿在数学家皮尔逊的帮助下，创建了许多统计方法。这些方法首先被用到社会生产实践中，后来也被应用于教育领域，极大地促进了教学测量与评价体系的发展。

① ［日］槝田勖一：《教学评价》，李守福译，吉林教育出版社 1988 年版，第 22 页。

1895 年，法国心理学家比纳设计一套人类智力量表，后来于 1905 年被西蒙修改之后，成了著名的“比纳—西蒙智力量表”。这套量表经过世界各地广泛的应用，备受人们肯定。人们在赞赏这套量表的同时，也对教学测量更加认可了。从此，教学测量开始逐渐受到人们的重视。

1904 年，美国著名心理学家桑代克出版了《精神与社会测验学导论》，提出“凡是存在的东西都有数量，凡是有数量的东西都可以测量”的观点，极大地推动了教学测量与评价，特别是教学测量的发展，以至于出现了用教学测量代替教学评价的势头。

后来，人们逐渐认识到教学测量虽然具有客观性和标准化等特点，但也发现了其不少的缺点，比如僵化、难以全面反映测量对象等。于是，人们又开始重视教育教学评价，教育教学测量运动逐步过渡到教育教学评价时期。

20 世纪 20 年代，西方资本主义国家爆发了经济危机，受美国经济危机的影响，中学毕业生的就业情况受到很大的冲击。进步教育改革者认识到，美国当时的大学升学制度有问题。大学升学考试的重点在于知识的记忆，而忽视了大部分教育的价值，这引起了人们对中小学课程以及中学与大学的关系的重新评价思考。一批以拉尔夫·泰勒为首的教育家组成了进步主义教育同盟，利用杜威的思想在 7 所大学和 30 所中学进行了八年实验研究。在美国进步教育运动史上，“八年研究”实验是影响最为广泛、持久的事件之一。

“八年研究”在教育目标、课程、学校管理以及教师专业发展等方面作出了改革与贡献。在教育目标方面，中学教育的目的除了升学以外还有其他目的，那就是实现个人的发展，使学生更好地掌握知识，为走向社会做准备。此外，“八年研究”强调，教育目标应力求明确具体，要达到可以观察和测量的程度。在课程方面，他们研究设计了新的课程和教学方法，注意培养学生的兴趣、思考能力以及学生与老师之间的合作，并且在课程评估方面提出了一整套新的量表以及评估的理论。倡导在课程改革中运用新的评价手段来检测实验效果。在教师专业发展方面，“八年研究”中，合作中学的教师始终是实验研究的主力军，学校所有的实验计划都和他们息息相关。教师不再是远离学校事务的聘用人员，而是共同承担着学校各项任务和工作的合作者。通过合作研究和制订计划，他们开阔了眼界，丰富了生活，越来越充满自信。指导委员会和合作中学都坚信，这种精神状况和朝气蓬勃的态度是教师专业发展的必要条件。指导委员会指出，民主的生活方式不仅体现在学生的发展上，而且还体现在教师的发展上，合作学校不仅要培养学生掌握民主生活所必需的技能，而且还要通过学校模式的变革促进教师的成长。

总之，“八年研究”被称为“20 世纪五项最有意义的课程事件”之一，是课程发展史上的里程碑。八年后，即 1940 年，这个同盟对研究过程进行回顾，委托泰勒教授作了一个报告，在报告中，泰勒第一次正式提出了“教学评价”这个词。泰勒特别强调说明了“教学评价”，认为教育的回顾和评价应该全面、概括，注重学生的变化，不应当只看学生的测验成绩。他说：“考试测量只是教学评价获取信息的重要手段，它并不等于教学评价。”从此开启了教学评价的新时代。

在这个新时代中，教学测量与评价强调与教育计划和教学目标相结合，重视方法的客观和遵循心理学和教育学的规律，注重材料的真实性，侧重数据的统计与分析以及新的数学方法和科学技术的应用，比如线性规划、回归分析和计算机技术等。

这种情况一直保持到了今天，不过现在的教学测量与评价更强调测量方法的应用(多种不同的题目，有干扰题目等)、计算机软件技术(spss17)的应用和评价的全面客观性，以及评价要与学生的学习和身心发展相结合等。

三、现代教学测量与评价体系的发展趋势

探讨教学测量与评价体系未来的发展变化，有利于帮助评价者从整体上把握对教学活动价值的分析和预测，从而促进教学测量与评价这一学科朝着更加科学、合理的方向发展，进而对教育教学活动的调节和完善发挥更大的作用。其发展趋势主要有以下几个方面：

（一）教学测量与评价的政治性得到加强

随着社会的发展，教育改革的推进，人们对教学测量与评价所得的资料越来越认可。因此，教学测量与评价在政策制定方面发挥着巨大的作用。教育政策的制定者为了增强教育政策的说服力，对教学测量与评价寄予了较高的期望。

20 世纪 70 年代到 80 年代期间，在美国，由于当时大量高中毕业生缺乏走进社会所必需的基本技能，教育者们为了提高学生的素质，使用最低能力测验和教师测验来弥补这一缺陷，美国基本能力测验运动在这样的背景下展开了。教师测验得到了更多的重视，教师在上台授课之前，必须经过一系列测验才能取得教师资格。教育者们在最低能力测验和教师测验中遇到了同样突出的问题：测验内容范围如何确定、如何获得效度证据、如何确定标准、如何检定和消除测验偏向的来源等等。这些是目前正在逐渐解决和试图解决以及未来继续研讨的问题。[①] 现代的教学测量与评价所关注的不仅仅是学生的评价，而是转向了多方面利用测验资料。教学测量与评价尤其是在教学评价、教师评价、办学评价、课程评价等方面所发挥的效用越来越受到人们的关注。

（二）教学测量与评价的教育功能得到强化

随着认知心理学和人工智能研究的发展，心理学家也越来越

① 参见黄光扬：《教学测量与评价》，华东师范大学出版社 2002 年版，第 342 页。

关注个体信息加工系统的内部过程，教育领域也受到了很大的影响。教育家们对教学测量与评价赋予了新的期望，它们已被看成教育过程不可或缺的一部分。教学测量与评价已经不仅仅局限于对学生未来成功与否的预测，也就是说不再仅仅关注教育的结果，而是更侧重于诊断学生当前的学习状态，指导学生获取更大的进步。

在教育实践中，人们开始提升学业成绩、能力等测验的地位，更加重视诊断性的测评，相比之下，减少了能力倾向方面的测评。能力倾向方面的测评是一种预测，一个人所潜在的能力在将来能达到什么样的程度，我们往往很难确定，而其测评的结果通常情况下会使教育工作者忽略那些在测评中表现不是很优秀的学生，而是更加看重那些在测评中发挥更好的学生。显然，这种做法不符合真正意义上的教育目的。当前人们更关注的是学生们已经有所发展的能力、知识、才能，同时也更看重教学过程中所存在的问题。测评在这时也日益显示出了更多的诊断和长善救失的作用。

（三）教学测量与评价理论研究得到突破性的进展

简茂发教授等人指出，国际上心理与教育测验的发展主要趋势有三：一为测验理论更深入化、多元化，测验理论融入认知心理学理论、题目反应理论、贝叶斯（Bayes）思考模式与测验整合分析概念；二为测验编制趋向精密量化与个别化，着重测验与电脑技术的结合，编制适应性测验与少数民族测验；三为测验与教学的结合，重视正确使用测验与避免误用或滥用，强调测验道德规范与正确认识法律规章。庄明贞教授指出，美国的教育测验与评量的发展趋势具有下列七个重点：①测验使用的目的在于强调促进教与学的功能。②鼓励教师使用标准参照测验。③性向测验强调学生的学习能力、成就测验朝向更复杂的学习结果。④实施多元化评量与使用变通性评量。⑤从个别评量转成团体评量。⑥提倡领域参照测验的编制方法。⑦大众对使用测验的关心程度提高。李坤崇教授指出，台湾地区教学评量的发展趋势如下：①教学与评量统合化、适性化。②评量专业化、目标化。③评量方式多元化、弹性化。④评量内容生活化、多样化。⑤评量人员多元化、互动化。⑥结果解释人性化、增强化。⑦结果呈现多元化、适时化、全人化。⑧评量避免误用或滥用。⑨评量电脑化、网络化。⑩教师逐渐运用标准参照测验。⑪社会大众、家长关心与期许。[①]

20 世纪初开始发展起来的教学测量理论称为“经典测量理论”,但是因为它的理论架构有一定的缺陷,使得其在教育领域的实际应用受到一定的限制。从 20 世纪 60 年代以后,经过教育专家和科研工作者的不懈努力,题目反应理论、潜在等级分析等现代测量理论得到应用。到了 70 年代,教学测量与评价最重要的发展之一就是:题目反应理论在客观存在的实际测评中的应用得到进一步的拓展。在教育测验中一些经典测验理论不能很好地解决的一些问题,题目反应理论给出了比较满意的答案,而且还为测验设计、测验误差的测定,测验等值、计算机化自适应性测验的设计与评分等问题提供了有效的应对途经。另外,统计方面的方法理论也越来越趋于完善,其在教学测量与评价中的广泛应用使得测量分数的解释更加全面、细致且客观。现代教学评价理论模式已逐步摆脱传统“心理计量学中心”的影响,关注教育目标理论、人本心理学、认知心理学以及现代建构主义文化的最新研究成果,提出许多新的评价模式与方法,比如对手式评价、决策定向评价、目的游离评价、实质性评价、司法式评价、自然主义评价、交互式评价、阐释性评价、发展性评价、质化评价、基于表现的评价、动态评价、元认知评价以及对教学测量与评价方案本身进行的所谓“元评价”和效用评价等内容,使教学评价理论模式与应用研究有了飞跃性、突破性的发展。[②]

---

① 参见李坤崇:《多元化教学测量》,台湾心理出版社 2001 年版,第 120～129 页。

② 参见黄光扬:《教学测量与评价》,华东师范大学出版社 2002 年版,第 344 页。

（四）计算机技术的发展提高了测验的效率

随着现代科技尤其是计算机技术的发展，其与教学测量与评价技术的关系也越来越密切。比如，计算机阅卷形式的出现，使得测验中客观题的评阅效率以及准确度大为提升。自20世纪80年代以来，计算机技术进一步加快了测验计分与报告的效率，测验的题库的建立进一步完善，测评的方式也更加多样化。计算机的普及使得计算机技术在测评中发挥的效用越来越明显，用计算机进行测评也得到了有效的推广，这减少了测验中很多其他外在因素的影响，也提高了计分、分析、报告的效率。计算机测评以现代题目反应理论为依据，与常规测验的最大不同点就是：后者对被评对象用的都是一样的固定题目，而前者则是根据被试对象的反应来选题。这种测评既减少了测评所需的时间，还提升了测评的质量，能更加精确地测量出被试对象的能力层次，并且能最大限度地从每一道所测验的题目中提取被试对象的信息，有效提高教学指导价值。

随着人们不断地对测量结果提出更高的要求，教学测量与评价的理论和模型也越来越复杂化，这也在一定程度上反映了教育现实情况的复杂性。因此，教育家和实践研究者也开始进一步反思继续开发复杂的测量模型的必要性，怎样整合不同的测量理论和测量模型等技术性的问题，以及怎样把测量的结果精确地应用于教育实际、教学评价和教育问责中。总而言之，我们要不断更新观念，重视教学测量与评价的发展性功能，使其更好地服务于教育事业，促进教学工作的发展，提高教育质量。

第二章　教学测量与评价的理论基础

教学测量与评价是围绕教学活动过程而展开的，因而其必然涉及两个核心因素，即教师的教和学生的学。这两个教育因素贯穿于测量与评价的始终。所以，笔者认为，教学测量与评价若想建立科学、合理、完整的学科体系，必须以学习和教学的相关理论作为理论基础。

第一节　教学测量与评价的哲学基础

教学评价是对与教学相关的因素进行价值判断与分析，而对价值的辨析必然要涉及一些哲学观念和理论。因此，如果想要厘清教学测量与评价的一些问题，首先应该做的是追本溯源，从哲学的视角去理解其本质及思想体系。

一、马克思主义关于人的全面发展学说

促进人的全面发展是人类社会长期追求的理想目标。历史上的许多仁人志士都非常关注这一问题。德国哲学家康德认为，“在种种冲突、牺牲、辛勤斗争和曲折复杂的漫长路程之后，历史将指向一个充分发挥人的全部才智的美好社会。”[①]针对这一问题，黑

① 李泽厚：《批判哲学的批判》，人民教育出版社 1979 年版，第 324 页。

格尔提出自己的见解,“社会和国家的目的在于使一切人类的潜能以及一切个人的能力在一切方面和一切方向都可以得到发展和表现。”[①]马克思在汲取前人思想成果的基础上,提出了关于人的全面发展的理论。

(一)马克思对人的本质的阐述

马克思提出人全面发展的理论是基于他对人的本质的界定。马克思对人的本质的认识主要集中在两个方面:第一,人的本质不是人与生俱来的,而是来自他所生存的社会环境;第二,人所具有的根本属性是社会性,即一切社会关系的总和。而形形色色的社会关系又是在实践中形成的,因而,人的本质具有社会性和实践性。这一论断可以说是教育学界的一座里程碑。根据这一论断,人们对教育这一现象有了科学的解释,即教育是培养人的社会实践活动。教育是依托于社会而发展的,所以教育的发展要符合社会对人才的要求。

马克思在从唯物主义的角度论述关于人的本质问题时,认识到人的发展并不是随意、杂乱无章的。人的发展从根本上说,是受客观的社会生活环境制约的。人的发展只能在其所允许的范围内波动。所以,人若要获得全面发展,就必须推动社会的发展,尤其是社会生产力的发展。近代以来,社会生产力获得了突飞猛进的大发展,机器大工业的出现为人的全面发展提供了可能性。

(二)人全面发展的内涵

马克思在考查、分析了劳动分工的状况后,深刻揭示了造成人片面发展的根源。在资本主义生产方式下,由于分工的细化和专业化,造成个人在劳动过程中发展的片面性。“就个人自身来考察个人,个人就是受分工支配的,分工使他变成片面的人,使他畸形

① 黑格尔:《美学》第1卷,商务印书馆1979年版,第59页。

发展,使他受到限制。”①生产劳动的分工,把工人奴役在某一操作细节上,抑制了工人的生产志趣和才智,人为地培养工人片面性的生产技术、技巧,使工人成为某一生产环节中的自动化工具。同时,由于技术的进步,劳动中的智力因素与工人自身相分离,使工人成为没有灵魂的活机器。“工人是为生产过程而存在,不是生产过程为工人而存在。”②

基于上述的分析,马克思认为,人的全面发展包括体力和智力两个方面,即个体的体力和智力的各个方面都要得到充分的发展,使体力劳动和脑力劳动相结合,这是促进人全面发展的根本所在。同时,马克思特别强调,只有个体得到充分、自由的发展,人的全面发展才有可能实现,人才能够成为一个全面、完整的自我。在我国,促进人的全面发展的教育主要包括德育、智育、体育、美育和劳动技术教育。这五种教育囊括了人发展的各个方面,彼此密切联系,缺一不可,共同勾勒出人全面发展的教育蓝图。

二、人的全面发展和教学测量与评价的关系

(一)现代教学的目的是促进人的全面发展

教学是培养人的最主要的途径,对塑造人起着至关重要的作用。在教学理论的发展中,曾经出现过“实质教育”和“形式教育”之争。“实质教育”强调知识的作用,认为教学就是让学生掌握丰富的知识,只要学生拥有渊博的知识,就可以促进其发展。而“形式教育”认为教学主要是训练学生的各种官能,使其获得改善和提高,并使学生的各种潜能转化成现实,教授何种知识并不重要。显而易见,这两种理论都有失偏颇,容易造成人的畸形发展。

针对此种情况,许多教育学家提出了人的全面发展的主张。

① 《马克思恩格斯全集》第3卷,人民教育出版社1958年版,第514页。

② 《马克思恩格斯全集》第23卷,人民教育出版社1958年版,第537页。

夸美纽斯提出了泛智教育，强调要把一切知识交给一切人。裴斯泰洛齐主张人的各种潜能要得到全面、充分的挖掘和发展。第斯多惠毕生追求“全人教育”，即通过多方面知识的传授促进人的全面发展，进而造就完整的人。由此可知，这些教育家的主张虽有差别，但其所追求的共同教育理想是却是相同的，就是教学要造就全面、和谐发展的“全人”。

（二）人的全面发展的理论对教学测量与评价的影响

人的全面发展理论强调人全面、和谐地发展，对教学测量与评价产生了深刻的影响。

第一，人的全面发展理论给教学测量与评价提供了科学的指导思想，保障其沿着正确的方向发展。人的全面发展理论强调“以人为本”，关注的焦点在于人各方面的协调发展。在这一思想的指导下，教学测量与评价的中心要从强调知识、功利化转移到人本身的发展上。近代以来，测量与评价在内容上过度关注课堂中的学生，而忽略生活中的学生；在功能方面侧重甄别与选拔，不重视其对完善人的发展的作用，仅以考试的成绩作为评判人才的标准。这一问题在我国中小学的各级升学考试中普遍存在，尤其是历来饱受世人诟病的现行高考评价制度最为突出。以分数为门槛，让多少才华横溢而不擅长考试的人在分数的高墙下梦断。无数学子耗尽十几载青春努力学习只为所谓的高分，而对于其他却知之甚少。“两耳不闻窗外事，一心只读圣贤书”依然是当代学生写照，他们的潜能最终也在浩瀚的书山题海中被消耗殆尽，成为这种评价制度的牺牲品。所以，“以人为本”必须贯穿于教学测量与评价的始终，成为这一学科体系的灵魂。

第二，人的全面发展，既要其自身潜能得到充分、全面的发展，同时也要与社会和时代的发展相协调，这样人才能得到真正的全面发展。人是社会性的动物，其发展不是与世隔绝的，而是与其所处的社会息息相关的。因此，教学测量与评价若想发挥它最大的价值，就必须摆脱过去的窠臼，不能把眼界局限于与教学相关的因素之间，而要把社会的需求和发展纳入考察的体系之中，才能正确、全面地对各种教育问题、现象作出科学的分析、预测。

第二节　学习心理学基础

对学生的学习进行测评是教学测量与评价的重要内容，促进学生的学习与发展是其根本目的。了解学习心理学有助于提高教学测量与评价的科学性。

一、学习的一般理论

“学习”这个词语在日常生活中使用得很频繁，比如“好好学习，天天向上”“自学成才”等，但是这些都是普通意义上的学习，仅仅限于对知识、技能的学习。在心理学中，虽然对“学习”的定义众说纷纭，但不可否认的是，其内涵远远超过了知识技能的范畴。

（一）学习的概念

现在心理学界对学习概念的界定没有统一，目前更为广泛接受的定义是：学习是由经验引起的行为或思维的比较持久的变化。

第一，学习的发生是由于经验所引起的。一方面，外界信息对有机体产生影响，这需要以个体已有的知识、技能、经验、信念和态度为基础来理解和把握外界信息；另一方面，新信息的进入又使已有的经验结构得到丰富或改造。

第二，由于学习必然发生的变化有时立即见诸于行为，有时这种变化未必见诸于行为，而是经过很长时间才能见诸于行为，因此，有的心理学家把这种情况视为行为潜能的变化。然而，认知心理学家认为，由于学习的发生引起了内部心理结构的变化，故应直接视为思维的变化。当然无论是思维或行为的变化，都是比较持久的。

第三，不能简单地认为行为的变化等同于学习的存在。学习的效果是由练习或反复经验而产生的。学习发生之后会引起行为的变化，当然这种变化并不一定马上发生，有时学习之后要经过很长的时间才能出现行为的变化。而且，我们不能简单地认为，凡是行为的变化都意味着学习的存在。有机体的行为变化不仅可以由学习引起，而且还可以由本能、疲劳、适应、成熟等引起，而由这些所引起的行为变化就不能称之为学习。

第四，学习是一个广义的概念，它不是人类独有的，动物也存在学习。人类和动物都是通过生活经验、生存技能的学习而得以繁衍生息。在这一层面上，人类和动物的学习是相同的。但人是拥有语言的高级生物体，这将人类的学习推向更高的境界。相较于动物的学习，人类的学习是有意识和主动性的社会实践活动。

（二）学习的分类

由于学习理论家持有不同的观点以及可以从不同的角度进行分类，所以到目前为止，关于学习的分类有许多种，下面我们简单介绍几种：

1. 按照学习主体分类

（1）动物学习。动物学习仅限于消极适应环境的变化，以满足其生理需要的情况，主要靠直接方式获取个体经验，局限于第一信号系统。

（2）人类学习。人类学习与动物学习有本质的区别，主要表现在三个方面：人类学习具有社会性；以语言为中介；具有积极主动性。

（3）机器学习。机器学习主要指计算机学习，是人工智能的一个研究课题。

2. 按照学习内容分类

（1）知识学习。知识学习是指学习者通过一系列的智力活动来理解和掌握人类社会所沉淀的科学文化知识和经验的过程。知识学习的实质是在学习者头脑中建立相应的认知结构体系。

(2)技能学习。技能学习是通过练习而形成符合既定法则的活动方式或操作方式的过程。技能学习的知识是程序化的知识，主要解决如何做的问题。

(3)问题解决学习。问题解决学习是以问题情境为中心,通过发现问题和解决问题的探究过程,让学习者掌握解决问题的相关知识的活动过程。

3. 按照个体学习方式分类

奥苏贝尔(Ausubel)依据个体学习方式的不同,将学习分为以下两种:

(1)机械学习。学生没有理解,只进行机械重复的学习。这种学习方式在学习简单知识的过程中是非常有效的,但对于较复杂的知识却是事倍功半。

(2)有意义学习。符号所代表的新知识与学习者认知结构中已有的适当观念建立起非人为的实质性联系。在实际学习中,大多数的学习活动都是有意义学习,即通过知识之间的内在逻辑和联系来掌握知识。

4. 按照学习内容的复杂程度分类

1970 年,加涅根据学习复杂程度的不同,将学习分为八个不同的层次。

(1)信号学习。即经典型条件作用,学习对某种信号作出反应。其过程是:刺激—强化—反应。

(2)刺激反应学习。即操作性条件作用,与经典条件作用不同,其过程是情境—反应—强化。

(3)连锁学习。是一系列刺激—反应的联合。

(4)言语联想学习。也是一系列刺激—反应的联合,它是由言语单位所联结的连锁。

(5)辨别学习。即学会识别多种刺激的异同并对之作出不同的反应。

(6)概念学习。对刺激进行分类时,学会对一类刺激作出同样的反应,也就是对事物的抽象特征的反应。

(7)规则学习。规则是指两个或两个以上概念的联合。规则学习即了解两个或两个以上概念之间的关系。

(8)问题解决学习。即在各种情况下,使用所学规则去解决问题。

5. 按照学习结果分类

(1)言语信息的学习。即掌握许多事物的名称、事实、特征及行为特点等描述性的信息。比如,学习“华盛顿是美国的首都”这一命题就是言语信息的学习。

(2)智慧技能的学习。运用符号与周围环境互相发挥作用的能力。把冰融化成水就是智慧技能的行为属性。

(3)认知策略的学习。认知策略是学习者用以支配他自己的注意、学习、记忆和思维的内在组织的才能,这种才能使得学习过程的执行控制成为可能。

(4)态度的学习。通过学习获得的内部状态,这种状态影响个人对某种事物、任务及事件所采取的行动。

(5)运动技能的学习。即通过协调、连贯、有规律的肌肉运动而形成的活动方式。比如游泳、舞蹈等此类活动就属于运动技能。①

(三)学习过程和实质

一般学习心理学中关于学习过程和实质的说法很多,在教学中经常借鉴的主要有三种观点:行为主义观点、完形主义观点和认知主义观点,特别是认知主义的观点,现在是最为流行的。

---

① 参见陈琦、刘儒德:《当代教育心理学》,北京师范大学出版社 2007 年版,第 116 页。

1. 行为主义学派对学习过程和实质的认识

行为主义是20世纪20年代在美国兴起的一种关于学习的学派,继承了英国的联想主义心理学系统的理论,受到洛克经验论的影响,重视环境和经验的作用。代表人物是美国的心理学家桑代克和斯金纳。

这个学派反对通过内省来研究动物的心理,主张通过研究动物的外在行为来探讨其内部活动。他们认为内省的方法不客观,结果不可靠。而研究行为是科学的,因为动物往往有什么心理活动就会有什么行动,行动可以反映其内心活动。

他们以老鼠、猫、鸡、鸟、狗等小动物做了大量实验。最著名的是桑代克的饿猫逃离迷箱的实验。

通过观察这些实验,他们认为动物的学习过程是一个盲目的尝试过程,这个过程中动物的学习,开始时错误很多,后来逐渐减少,最后错误消失。他们由此也认为学习的实质其实是刺激与反应的联结(S—R),并由此提出了促进学生学习的若干原则。如准备律、效果律和练习律(桑代克提出),如强化原则(及时强化,正确强化,根据学习任务比例强化等)、小步子原则等。

(1)桑代克的联结主义学习论

桑代克的联结理论是根据其对动物的实验结果提出的,其中最著名的是饿猫开迷箱的实验。一只饿猫被关在他专门设计的实验迷箱里,箱门紧闭,箱子附近放着一条鲜鱼,箱内有一个开门的旋钮,碰到这个旋钮,门便会打开。刚开始的时候,饿猫只能在箱子里胡乱冲撞,偶然一次碰到了箱子内的旋钮,打开了箱子的门,便可以逃出来吃到鱼。然后多次把猫放进箱子,经过几次的尝试错误,猫便学会了触碰旋钮,打开箱门的行为。

所以,桑代克认为,学习的实质就在于形成刺激—反应的联结(无需观念作媒介);人和动物遵循同样的学习律;学习的过程是通过盲目的尝试错误的渐进过程。

同时,桑代克还提出三条重要的学习原则:

①准备律:学习者在学习开始时的预备定势。学习者有准备而且给以活动就会感到满意,有准备不活动则感到烦恼,学习者无准备而强制活动也会感到烦恼。

②练习律:指学会了的反应的重复将增加刺激反应之间的联结。

③效果律:桑代克的效果律表明,如果一个动作跟随以情境中一个满意的变化,在类似的情境中这个动作重复的可能性将增加;但是,如果跟随一个不满意的变化,这个行为重复的可能性将会减少。

(2)斯金纳的操作性条件作用理论

操作性条件作用理论是根据斯金纳自己发明的一种学习装置"斯金纳箱"做的经典实验提出来的。斯金纳箱内装着一根操纵杆,操纵杆与另一提供食丸的装置连接,把饥饿的白鼠置于箱内,白鼠偶然踏上操纵杆,供丸装置就会自动落下一粒食丸。白鼠经过几次尝试,会不断按压杠杆,直到吃饱为止。由此,斯金纳发现,有机体作出的反应与其随后出现的刺激条件之间的关系对行为起着控制作用,它能影响以后反应发生的概率。

斯金纳认为,学习实质上是一种反应概率的变化,而强化是增强反应概率的手段。强化理论是斯金纳理论的重要部分和基础,该理论认为,如果一个操作出现以后,有强化刺激尾随,则该操作的发生概率就会增加;而已经通过条件作用强化了的操作,如果出现后不再有强化刺激尾随,则该操作的发生概率就会逐渐减弱,甚至完全消失。[①]

(3)行为主义学习理论对教学测量与评价的影响

行为主义学习理论强调对学生可观察的具体的学习行为的观

① 参见冯忠良、伍新春等:《教育心理学》,人民教育出版社2000年版,第119页。

察，并将这些学习行为纳入对教学的测量与评价中。由于通过对教学活动中学生行为的观察和标准化的测验，就可以获得相关测量与评价的数据，而且行为指标体系易于编制和操作，因而行为主义理论曾在教学测量与评价中有较大影响，成为教学测量与评价的一股潮流。

但行为主义理论只重视学生具体行为的测量与评价有失偏颇。在能力与学业测验中，仅仅重视一些具体的行为指标，而忽视隐藏在这些指标背后的因素，比如情感、意志、情绪、动机等，很容易陷入形式教育或功利教育的误区。

2. 完形主义学派（格式塔学派）对学习过程和实质的认识

完形主义学派是 20 世纪 20 年代在德国兴起的一个关于学习理论的学派，其代表人物是维特墨、苛勒和考夫卡。

这个学派认为学习的成功主要在于动物全部了解了周围的情况之后的顿悟，而不在于其他。有些动物在学习过程中之所以会出现盲目尝试行为，那是因为实验者没有让动物看清楚周围的全部情况。

他们的观点也是在大量实验的基础上形成的。最著名的是苛勒于 1916 年前后做的大猩猩“接竿实验”和“叠箱实验”。

由此，完形主义学派认为学习过程是一个顿悟过程。首先，学习的实质是在主题内部构造完形，完形是一种心理结构，它是在机能上相互联系和相互作用的整体结构，是对事物关系的认知；其次，刺激与反应之间的联系不是直接的，而需以意识为中介。

完形主义学派肯定了主体的能动作用，强调心理具有一种组织的功能，把学习视为个体主动构造完形的过程，强调观察、顿悟和理解等认知功能在学习中的作用。另外，他们提出的增强学习的原则是尽量给学生提供较全面的相关知识，帮助学生增强对知识的理解，促进学生顿悟的产生，这对反对联结论的机械性和片面性具有重要意义。

在教学测量与评价方面,完形主义学派将学生自身的思维、理解的心理过程纳入测量与评价的指标体系,重视学习者内在的心理机制对学习活动的影响,打破了行为主义在教学评价领域一统天下的局面,丰富了测量与评价的内容体系,拓展了其应用领域,推动了教学测量与评价这一学科体系的进一步完善。

3. 认知主义学派对学习过程和实质的认识

认知主义学派是 20 世纪 40 年代前后在西方兴起的一个学派。发起人是瑞士的皮亚杰,后来的继承者是美国的布鲁纳和奥苏贝尔等人。

这个学派反对行为主义学派的刺激反应学说,认为该学说存在很大的漏洞。他们认为,动物——特别是人——不可能“有什么心理活动就会有什么行动”;反之,行动也不能完全说明心理活动。因为人有意志和独立的思想。比如一个人想拿别人的东西,可是想到这是违法的和不道德的,就忍住了没拿,在这个过程中,这个人没有行动,但不能说明他没有心理活动。再比如,一个在教室外面突然大喊了一声,但这并不表明这个人想要扰乱教学秩序,也许他是无意的。

这个学派特别强调人的自主性,认为刺激和反应之间应该有一个个体意志,刺激反应公式 S—R 应该修改为 S—O—R。为此,他们深入探讨了人的心理活动。

他们认为人的大脑中有一个认知结构,这个认知结构是个体根据自己与外界环境的交互经验主动建构而成的,起着吸收知识、储存知识、提取知识和指导应用知识的作用,至关重要。

由此,他们认为人的学习是一个外部信息进入大脑,然后为认知结构中原有的知识所接受,改变原来的认知结构,形成新的认知结构的过程。而学习的实质是有内在逻辑意义的学习材料与学生原有知识关联起来,新旧知识相互作用,从而使新材料在学习者头脑中获得新的意义。

在教学测量与评价方面,认知学派比完形主义更重视认知在学习活动中的作用。布鲁纳认为,教学评价应该将重点放在学科的基本结构上,即强调对学生掌握基本原理、概念、方法的程度进行检测与评价。而奥苏贝尔则注重对新知识与原有认知结构的联系性进行评价,这对教学测量与评价体系中的诊断性评价、形成性评价和总结性评价的形成与发展产生了非常重要的影响。

(四)新旧知识相互作用的方式

1. 同化是外部的新材料进入个体的认知结构中,作为与原认知结构某些知识有特殊关系的知识而被接受下来,形成一个扩大了和修缮了的新的认知结构的学习方式。比如学习了数的概念之后,再学习复数的概念,复数的概念进入学生的认知结构后作为数的一个特例被接受,之后原来的认知结构得到扩充,数这个概念的外延得到进一步扩大,数概念的内涵得到进一步清晰,形成一个新的认知结构,这个学习过程就是一个同化过程。

同化主要有三种形式:上位学习、下位学习和并列结合学习。

(1)上位学习即是新学习的知识包摄程度高于原有认知结构中的知识,其进入个体的原认知结构之后,被当做原来知识的统领而进行的学习。比如,学生学习了自然数、分数、负数之后再学习“有理数”这个新概念时进行的就是上位学习。

(2)下位学习即是新学习的知识包摄程度小于原认知结构中的知识,新的知识作为旧知识的一个例子被接受而进行的学习。

(3)并列结合学习即是新学习的知识进入原认知结构后,与原认知结构既不能形成上位学习,也形不成下位学习,但还能与原来的旧知识进行联合,这样的学习叫作并列结合学习。比如学习了一元二次方程之后,再学习一元二次不等式,这样的学习就是一个并列结合学习。

2. 顺应是外部的新材料进入个体认知结构后,作为一项全新的知识被接受下来,原来的认知结构为此作相应的调整,形成一个全新的认知结构的学习方式。比如一个小学生学习“集合”这个概念，他不能理解，强行接受了下来，为此，他的大脑中与之相关的数学认知结构进行了新的调整，为“集合”这个概念留出了一个地方，这个学习过程就是顺应学习。

综上所述，知识建构一方面表现为新知识的进入，同时又表现为原有知识的调整改变，同化和顺应作为知识建构的基本机制，是相互依存、不可分割的两个侧面。学习者需要充分调动有关的知识经验，分析组织当前的新信息，生成对信息的理解、解释。同时，学习者要反省新知识和旧知识的一致性，鉴别评判它们的合理性。

二、知识的学习

学习知识是学生在学校教育中最重要的任务。同时，检验学生对知识掌握的程度和应用水平也是教学测量与评价的主要内容。教学测量与评价通过各种指标对学生的学习活动进行检测，诊断学生在知识学习中存在的问题及对后续学习的影响，从而提高学生知识学习的能力与水平。为了让教学测量与评价发挥更大的作用，我们必须对知识学习的相关概念与理论有一个清晰的了解。

（一）知识的含义

知识是人对事物属性与联系的能动反映，是通过人与客观事物的相互作用而形成的。人在与外界相互作用的现实活动中，获得来自客体的各种信息，用一定的方式对这些信息进行加工和组织，形成对事物的理解，从而形成知识。

（二）概念的学习

概念是代表一类享有共同特性的人、物体、事件或观念的符号。如“学生”就是一个概念，学生这个词表示许许多多具有某些共同属性的人——所有学习某一课程的人。[①]

原始概念(不定义的)的学习过程是一个观察实例、概括、记忆的过程。比如学生对于集合概念的学习,就是一个观察集合实例,然后对其进行概括,找出一般属性,然后掌握一般属性的过程。

一般概念的学习过程是一个概念掌握或概念获得的过程,即理解概念内涵与外延,掌握概念的定义与其他概念的差别的过程。其一般过程是:了解名称和定义——理解其含义(进入大脑)——了解其外延——辨别不同的概念——记忆概念。

概念的学习方式主要有两种:概念形成和概念同化。概念形成即是通过观察相关事物或实例,对其分析抽象,然后概括出这类事物的本质属性的方式进行的概念学习。概念的形成主要用在原始概念的学习中,但也可以用到其他概念的学习中;概念同化即是通过同化来学习新概念。

影响学生概念学习的因素有如下几种:

(1)学生认知能力的发展阶段。人在不同的发展阶段下,其认知能力的发展水平是不同的。一个人的认知水平决定了其对事物进行抽象和概括的程度,并会进而影响他对一类事物共同属性的认识。人在小学阶段和大学阶段的认知能力不同,对同一个概念的学习就存在很大的差异,特别是涉及空间的概念时,比如无限的概念、无穷小的概念等。

(2)学生的知识经验。学生在实际生活中已习得的知识经验会强化他对某一概念的认知,这种强化会对学生概念的学习产生促进或阻碍作用。譬如,学生已经知道鱼类的特征,如果给他们呈现鲸鱼的图片,他们一定会认为鲸鱼属于鱼类。

(3)感性材料与感性经验。在学习某一个概念之前,如果学生

---

① 参见陈琦、刘儒德:《当代教育心理学》,北京师范大学出版社 2007 年版,第 260 页。

已经掌握与这个概念相关的大量的感性材料或经验，那么其对该概念的学习就会相对容易。

(4)学生的概括能力。所谓概念是指对某一类事物相同属性的抽象概括。因而，概念学习的顺利程度与学生的概括能力有一定的关联。这个问题在概念的形成过程中经常出现。

(5)语言表达能力。如果学生的语言表达简洁、精练，能够抓住事物或问题的主要特征进行描述，这对提高学生知识概括能力有极好的帮助。

(三)命题的学习

1. 命题的学习是指理解几个概念所组成句子的意义，以厘清一个事实或者状态。其可以是对简单事实或现象的表述，也可以是对定理、公式和法则等抽象知识的学习。命题学习是一种较复杂的学习，必须以概念的掌握为基础，从而理解事物之间的关联性。

2. 命题的学习方式主要有上位学习、下位学习和并列结合学习。

3. 影响命题学习的因素主要有：①学生对原有认知结构的内容和基本技能(测量、计算和推理)的掌握。②原有认知结构中知识经验的数量、组织方式以及学生个体对知识的概括化程度。另外，相关知识技能的掌握和熟练程度也会制约学生对命题的学习。例如，在对勾股定理的学习中，如果学生不理解直角三角形的概念，是难以掌握该定理的；若学生不会计算平方数，也是不容易掌握此命题的。

三、技能和能力的形成理论

技能和能力的形成是衡量学生身心发展的重要指标，因而对学生技能和能力发展的评估是非常重要的。在学业成绩测验和能力测验中，针对学生学习技能和学习能力的测验题目占据了非常高的比重，足见教学评价研究者们对这一领域的重视。

（一）技能

1. 技能的含义

技能是指经过反复练习而获得的合乎法则的认知活动和身体活动的动作方式。这一界定反映了技能的三个特点：以练习作为技能的形成途径；以动作方式作为技能的形式；以合乎法则作为技能的标准。

2. 技能的获得

外部技能主要是通过了解、模仿、尝试、修整错误和练习而获得。内部技能主要是通过理解、模仿、尝试、修正错误、练习、概括、内化和记忆而获得，例如心算的形成。

3. 影响技能形成的因素

（1）教师提供的范例的清晰正确程度。学生技能的学习主要是通过对教师的示范动作或提供的榜样动作的观察和模仿而逐渐形成的。所以，教师提供的范例的精确、正确与否直接影响学生对技能的掌握。

（2）学生的模仿能力。不同年龄阶段下，学生的学习模仿能力是不同的。随着年龄的增长和生活经验的丰富，学生的模仿能力会越来越强，不再仅限于机械模仿，而是有意识的模仿。

（3）练习的数量。技能是通过练习而形成的，练习是技能形成的主要方式。练习的次数与技能的熟练度是呈正相关的。正如《卖油翁》中所说“无他，但手熟尔”，练习的次数越多，动作技能的连贯性越好。

4. 技能的分类

（1）根据活动内容不同，技能可分为知识性技能、操作性技能和解题技能。

知识性技能是指包含定理、理论等抽象概括性应用知识的活动方式，如代数式的恒等变形技能、解方程技能、作图技能、论证推理等。

操作技能是在解决问题时所采用的动作活动方式，如测量技能、运用计算工具的技能。

解题技能是指解决问题时所采用的方式方法和思维过程，如分析问题、一题多解、转化求解等技能就属于解题技能。

(2)根据表现形式不同，技能还可以分为外部操作技能和内部心智技能。外部操作技能(又叫“运动技能”)的形成主要是在认识、模仿和练习的基础上形成的。内部心智技能又称为“智慧技能”或“智力技能”，是指个体借助内部语言和知识在头脑中完成任务的内部活动方式。

5. 外部操作技能的形成

外部操作技能(又叫“运动技能”)的形成主要是在认识、模仿和练习的基础上形成的。日常生活中的打字、写字；音乐学科中的吹、拉、弹、唱；体育学科中的田径、球类、体操等活动方式，都属于外部操作技能的范畴。其形成过程大体分为四个阶段：认识阶段、分解阶段、定位阶段和自动化阶段。

(1)认识阶段。该阶段中个体全面了解这项技能的有关知识和各项细节。比如学习利用公式法解一元二次方程这项技能的过程中，在认识阶段就要全面了解一元二次方程、方程的解、方程解的公式和利用公式求解的步骤。

(2)分解阶段。该阶段是个体了解单个组成部分的动作，掌握单个动作，练习单个动作的阶段。比如上面的例子中，这个阶段即是了解方程如何化为一般形式、练习化为一般形式、了解公式的应用、学习将系数带入公式等的阶段。

(3)定位阶段。该阶段是个体将单个动作进行串联的阶段。在上面的例子中，这个阶段即是将公式一般化、系数带入公式、利用公式计算、然后根据情况取舍和确定解等过程串联起来进行求解的阶段。

(4)自动化阶段。该阶段是个体通过练习达到无意识行动的阶段。同样是上述例子中，如果一个学生通过学习和联系，最后达到了不再经过很强的意识，而是很熟练地迅速完成上述动作，他就达到了自动化阶段。

外部操作技能的形成标志即是意识调控减弱、动作自动化，能自动处理各种细节问题，形成动作记忆图式。

6. 内部心智技能的形成

内部心智技能，又称为“智慧技能”或“智力技能”，是指个体借助内部语言和知识在头脑中完成任务的内部活动方式，如默读、心算、写作、观察和分析等技能。这种技能表现为内部的一系列活动。

内部心智技能表现为三个特性：观念性（针对对象在头脑中的映像进行操作）、内潜性（外部看不到）和简缩性（简洁、快速，过程短）。

内部心智技能的形成主要是在全面了解和积极主动的学习基础上形成的，是将外部技能内化转移到内部而形成的。因此，有人说内部心智技能是内化了的外部技能，这不无道理。

其形成过程大体分为四个阶段：认知阶段、模仿阶段、外部语言阶段和内部语言阶段（根据前苏联心理学家加里培林于 1959 年提出的五个阶段修改而成）。

（1）认知阶段。该阶段是全面了解和学习内部心智技能的有关知识的阶段。比如学习心算（四则运算）这项心智技能的过程中，在这个阶段就需要个人了解、掌握心算的各项知识。

（2）模仿阶段。该阶段是个体模仿教师初步形成技能的阶段，这个阶段常常需要外部物体的支持和帮助。比如在形成心算技能的过程中，这个阶段中需要学生模仿教师，在纸上进行活动。

（3）外部语言阶段。该阶段是个体不需要外部物体的支持和帮助，改靠语言帮助进行的阶段。在这一阶段，学生以语言来完成相应的学习活动。例如在进行整数的四则运算时，学生通过读题来完成对问题的思考。

(4)内部语言阶段。该阶段是个体不再需要出声语言，仅靠大脑的思考就能完成任务的阶段。这标志该项心智技能已趋于成熟。

(二)能力

1. 能力的含义

能力是直接影响人的活动效率，使活动任务顺利完成的个性心理特征。

能力是在活动的基础上形成的。能力的形成与知识的理解和技能的掌握有着密切关系。例如，一般认为，数学知识的理解和掌握是形成数学能力的基础，如果没有对数学知识的理解和掌握，数学能力无法形成。技能与能力的形成有着直接关系。能力是在对技能概括的基础上形成的。技能直接促进了能力的形成和提高。俗话说“熟能生巧”就是这个道理。

2. 能力结构的相关理论

能力结构是指人完成某一活动时所需要的各种认知能力的集合，例如观察力、记忆力、想象力、思维力等。关于能力结构的相关理论，最著名的就是加德纳的多元智力理论。这也是我国新一轮课程改革的理论基础。

(1)多元智力理论

多元智力理论是由美国心理学家加德纳提出来的。该理论认为，人的智力并不是由单一的元素组成的。人的心理因各种因素的共同作用，变得异常复杂，加之人因成长经历、生存环境和教育程度的不同，所以人的心理结构更为错综复杂。因而，人的智力也是由多种因素构成的。他认为，人的智力由以下八种组成：

①言语智力，指运用语言的能力，包括说话的流畅性、灵活性、准确性以及写字和阅读的技能。在生活中，演说家、诗人、主持人等是言语能力比较高的人群。为了培养学生的言语智力，教师在教学中应该多给学生创造言语表达的机会，比如组织学生讲故事、参加演讲比赛。

②逻辑数理智力，指逻辑运算推理及数字分析、判断的抽象思维能力。这是一个人智力的核心成分。逻辑数理智力给人们提供思考问题的平台，使人们对自身周围的环境有正确、清晰的认识。该智力追求严谨、精确，正如科学家、律师一般，每一步要求有理有据。在教学活动中，我们可以有意识地培养学生的逻辑思维能力，如组织辩论赛、数字游戏等活动。

③空间智力，指感受、认识、辨别各种空间位置、关系，准确地辨别周围的环境，识别所在的位置和方向的能力。如果一个人是航海家、天文学家或者建筑师，他可能拥有较高的空间智力。

④音乐智力，指人对声音的感受与辨别能力，即对声音的敏感度。一个人的音乐智力较高，意味着他对音乐有较好的感受力和节奏感。加德纳认为，这种智力多是天生，如贝多芬、肖邦等著名音乐大师都是极具音乐天赋的人。

⑤运动智力，指运用身体完成各种动作技能的能力。运动智力较强的人，动作的协调性、连贯性、准确性好，比较容易掌握动作技能。现实中，运动员、舞蹈家的运动智力比一般人高。

⑥人际交往智力，指妥善处理与他人关系的能力。主要表现为解决与他人的冲突矛盾、协调与他人对某一事情或问题的看法和态度，以及在人际交往中角色的转换。人是社会性的动物，因而人际交往对人的生存而言是极为重要的。教师、公关人员、市场销售人员都是具有较高人际交往能力的人。

⑦内省智力，指认识自身的优劣，清楚地意识到自身，并在此基础上进行自我反思以完善自我的能力。曾子曰："吾日三省吾身。"由此可见内省智力在人身心发展中的重要性。人类在历史长河中之所以能够长久地繁衍生息，就是因为人类社会具有自我反思的能力，将自己置于持续不断的变革之中。教师作为芸芸众生中的一员，也需要有较好的内省能力，以推动教育事业的繁荣发展。

⑧自然智力，指认识自然环境，并对自然事物进行分类的能力。这种智力是加德纳在1999年提出的。较好的自然智力可以让人轻松地认识自己所生存的自然环境，并使自己很容易适应周围的生存环境。在人类社会早期，自然智力是非常重要的。正是由于我们的先祖不断丰富和完善的自然智力，人类才慢慢适应自然，并开始向自然进军。这种智力对幼儿也非常重要。人成长之初的主要任务就是认识自己周围的环境。因此，教师在教学中要重视对学生自然智力的培养。

(2)多元智力理论与教学测量和评价的关系

多元智力理论是众多智力理论中较为全面、完整的，它对智力成分的细化为教学测量与评价提供了强有力的理论支持和实践指导方向。多元智力理论强调智力的全面性和个体差异性，与当下我国教育所倡导的素质教育观念是一致的。这对教学测量与评价的发展产生了深刻影响。

首先，多元智力理论冲破了关于教学测量与评价的传统观念。自教学测量与评价这一学科诞生之日起，人们就将其局限在课堂里，认为教学测量与评价就是对教学中所发生的问题的描述和价值判断。人们以教学情境为中心实施测量与评价，目标范围局限于学生对知识的理解和接受程度、对课堂纪律的检测、学生对教师教学方式、方法的认可程度等，而把教学之外的现象与问题拒之门外。这种测量与评价是与应试教育结合在一起的，它过于注重对学生知识智力的重视和评价，以分数论英雄，容易造成学生的畸形发展。

其次，多元智力理论扩宽了智力的内涵，它给教学测量与评价提供了一个全面、科学的标准体系。传统教育观念认为，智力就是对外界事物与现象的接收程度和敏感性，如学生对所学知识的掌握比较深刻和全面，就认为这个学生就比较聪明，这种评价标准的关注范围大概是多元智力理论中的逻辑数理智力、言语智力、空间智力。这种观念把人的智力界定在一个狭小的空间中，是对人身心健康、全面发展的桎梏，严重背离了当下“以人为本”“全面发展”的素质教育观念。多元智力理论的诞生，改变了人们对智力的看法，丰富和扩展了智力的定义范畴。在教育教学中，人们开始重视人的全面、和谐的发展，而不再是唯分数至上。在这种形势下，教学测量与评价的领域也发生了革命性的变革，不再仅仅关注教学情境中的各种因素，而是扩展到了教学情境之外，只要是与造就全面发展的人相关的因素都纳入其监测之中，比如学生的人际交往、对自然界的认识、人格、情绪等。

3. 影响能力形成的主要因素

(1)知识的掌握。知识是能力形成的基础，掌握的知识越多，对能力的形成越有利。知识中包含人类历史积淀的精华，为能力的形成和发展提供前进的方向。

(2)认识结构的优化程度。如果学生头脑中的认知结构趋于合理、完善，对知识的运用能力强，能力的形成就会容易。

(3)概括能力水平。能力是对知识的综合运用的水平，如果一个人的概括能力强，对知识能够灵活运用，做到触类旁通，则说明这个人的能力较强。

(4)技能熟练程度。人的某些能力，比如弹钢琴、游泳、体操等动作技能，是容易受练习和熟练程度制约的。这些能力，只要勤加练习，很容易达到较高水平。

另外，活动量、积极概括的心向和个体能力发展水平等(个体智力水平和一般能力)对能力的形成也有一定的影响。

四、学习思维理论

学习思维是学生在学习活动中如何思考的内部机制，是学习活动的中枢，影响和制约着学生的学习活动和学习行为。因此，对学生的思维方式和风格的调查和分析成为教学测量与评价的一个重要内容。

(一)思维的内涵

1. 思维的定义

思维是一种特殊的心理现象,它是人脑对事物的本质属性和内在联系的一种间接的概括的反应,因此有人说它一种揭示事物本质属性和规律的心理活动。

2. 思维的主要形式

思维活动的主要形式是形成概念、作出判断和进行各种推理。概念、判断和推理是思维的三种基本形式。概念是一类事物的共同属性,用以区分不同事物的差异性。判断指对某一现象或问题进行价值上的辨析,得到肯定或否定的结论。推理指依据已得到的材料或证据进行分析或预测,从而得到某一问题的相关结论。

3. 思维的产生和过程

思维是在各种实践的基础上产生的。思维过程的构成要素是:感觉、知觉、表象、概念、判断和推理。感觉是指人脑对于客观事物属性的主观反映,是最简单的心理机制,是思维的起点。知觉是指人脑对客观事物属性从整体上的认知。表象指人们在头脑中对事物形象的反映。

思维的过程可表示如下:客观事物→感觉→知觉→表象→概念→推理和判断→主观认识。

4. 思维的基本特性

(1)概括性。思维的概括性是指思维反映的往往不是个别事物的个别属性,而是一类事物的共同的本质属性。比如对三角形内角和的思维,从个别三角形出发,得到三角形内角和等于 180°,这是对一般三角形内角和的认识。

(2)间接性。思维的间接性是指思维对事物的反映主要是通过感觉和知觉之后的表象来进行的,而不是对客观事物直接进行的。感觉和知觉是对事物的直接反应。

(3)目的性。思维的目的性是指思维往往带有一定的目的,就是要揭示事物的本质属性或找到事物之间的联系和规律。

5. 思维的分类

(1)思维过程中需要推理和作出判断,从而得出结论。这个过程中不同的人使用的方法是不同的。根据使用的方法是否遵循严格的逻辑,也就是是否遵循了逻辑规律,可将思维分为逻辑思维和非逻辑思维。

逻辑思维即是严格遵循了逻辑规律的思维,它的每一步都有理可依。逻辑思维是人类最主要的思维方式。在教学中,学生运用相关的知识证明某一命题或定理时,就需要运用逻辑思维。

非逻辑思维即是没有严格遵循逻辑规律的思维,其特点是具有直观性、形象性。比如形象思维、直观动作思维等。

(2)思维是一个很长的感觉、知觉、推理和判断的过程。根据这个过程是否新颖和有创意,可将思维分为常规思维和创造性思维。

常规思维是运用已有的规则或方法解决问题的思维方式。人们在解决问题的过程中首先会想到常规或习惯性的方法,以便寻求解决问题的捷径。

创造性思维是指突破已有的方式、方法,以新奇、独特的方法解决问题的思维方式。

(3)根据思维过程中使用的材料可将其分为动作思维、具体形象思维、抽象思维。

动作思维是伴随实际动作而进行的思维;具体形象思维是以事物的直观形象、表象为主进行的思维;抽象思维是以符号、词为媒介的思维过程。

(4)根据思维的指向不同,可将思维分为发散思维和集中思维。

集中思维即是根据多方面的材料获得一个或少量结果的思维;发散思维是根据少量的材料获得多方面结果的思维。

(5)根据思维过程中有没有逻辑,则可将其分为分析思维和直觉思维。

分析思维包含逻辑,它对事物和问题的分析具有逻辑性,遵循一定的秩序和法则,以得到科学合理的结论,其特点是严谨、合理性强,每一步都有依据。直觉思维是没有逻辑的或者是潜逻辑的,它凭借知识或经验对问题进行判断和解释。

另外还有一些其他的分类方法,比如正向思维和逆向思维等。

(二)思维的产生和发展

思维是人类的本能和天性,从人出生就开始有,后来在实践的基础上逐渐丰富和扩大。例如人们的数学思维是在有了数学活动的基础上产生的,是外在事物的数学运算不断内化而形成的(内化观)。

数学思维的产生一般要经历四个阶段:

第一阶段:活动思维为主的阶段。这一阶段通过对动作或运动的知觉来思考。

第二阶段:具体思维为主的阶段。此阶段儿童的思维依赖于具体的客观事物。

第三阶段:形象思维为主的阶段。儿童能够认识到具体的数字或符号所代表的意思,通过这些事物能够进行简单的逻辑推理。

第四阶段:抽象思维为主的阶段。此时人的思维已经成熟,通过抽象符号或语言就能够进行形式逻辑思维和辩证逻辑思维。

(三)思维品质

思维是一个复杂的过程,在这个过程中有感觉和知觉、有推理和判断等活动,而每个人的感觉和知觉是不同的,每个人的推理和判断也是不一样的,这样每个人的思维就有差异——即使同样的思维亦是这样。这种个体差异表现在智力方面就是思维品质的不同。

思维品质主要表现在以下几个方面：

1. 思维的深刻性

思维的深刻性指的是个体通过分析和推理穿透事物的表面而获得的关于事物的真实属性。思维深刻性较强的个体常常能够穿透事物的表面现象，获得事物的本质属性，并且可能会不满足现有的结论，会进一步思考，获得更新的结果，揭示更一般的规律，由此进行更加深入的思维。

2. 思维的广阔性

思维的广阔性指的是个体在思维过程中产生的思路和方法的特性。思维比较广阔的个体，常常思路多，视野开阔，方法丰富。反之则思路单一，方法僵固。

3. 思维的敏捷性

思维的敏捷性指的是个体在思维速度方面的特性。思维敏捷性高的个体常常思维比较迅速，思路简捷，用时比较少。

4. 思维的灵活性

思维的灵活性指的是个体在思维过程中转换思维方法方面的特性。思维比较灵活的个体在进行思维活动时，常常能灵活地转换思路和方法，思维过程中能较快地尝试多种思维方法，以达到最后的结果。

5. 思维的独创性

思维的独创性指的是个体在思维过程中使用新方法得出新结果的特性。思维独创性较高的个体常常能采取较新的思维方式和方法，得出较新颖的结果。

6. 思维的批判性

思维的批判性指的是个体在思维过程中进行自检的特性。思维批判性较强的个体在思维过程中会经常检查自己的思维过程，保证其思维的合理性和连续性，保证结果的正确性和准确性，很少出错。

当然还有其他的一些思维品质来衡量个体的思维差异，比如思维的条理性、清晰性、简洁性、逆向性、目的性和逻辑性等。

（四）思维过程中的内部心理活动

思维是一个内部运算过程，其中包括多种内部心理活动，主要有以下几个方面：

1. 归纳：通过一些具体的实例得出共同的属性，或形成概念，或作出判断的思维活动。根据概括的对象是否完全，可将归纳分为不完全归纳和完全归纳。

2. 比较：通过分析得出两个或多个对象之间的相同点和不同点的思维活动。比较可分为对比和类别两种。对比主要是对两个相对立的对象进行比较，以明确彼此的差异性，譬如加减对比、开方和乘方对比、一般和特殊的对比、局部和整体的对比、微分和积分的对比等，从而区分两个对象的不同。类别多指不同类的事物之间的比较，比如平面图形和立体图形、代数方程和三角方程等。

3. 分析：把考虑的对象在脑子里进行分解，逐个或逐方面地考虑的思维活动。

4. 综合：把对象的各方面整合在一起考虑的思维活动，和分析是截然相反的思维活动。

5. 概括：通过分析和综合将事物或关系的共同属性找出来的思维活动。

6. 抽象：对通过概括找出的事物的共同属性进行分析，抽取出其本质属性，舍去其非本质属性的思维活动。

五、非智力因素的形成

（一）非智力因素的概念

学习成绩水平与知识的掌握、学习者的思维水平和能力有着密切关系，但除此之外还与一些不直接参与学习的因素有关系，如兴趣、态度、意志和动机等，这些不直接参与学习的因素统称为“非智力因素”,也被称为“非认知因素”、“学习品质”等。由于非智力因素是指智力以外的对学习活动起着起动、导向、维持和强化作用的个性心理,因此,心理学家们把兴趣、态度、意志等这些个性心理作为非智力因素的主要内容。

(二)非智力因素与学习的关系

非智力因素不直接参与个体对知识的加工处理,只是影响这个过程的速度、质量和方向,起着调节学习的作用。如果调节得当,则会促进学习的进行,否则会减缓速度、降低质量、改变学习方向,甚至使学习不能成行或毁灭学习成果。

(三)学习动机

1. 学习动机的概念

学习动机是激发个体进行学习活动、维持已引起的学习活动,并致使个体的学习活动朝向一定学习目标的一种内部起动机制。它与学习活动可以相互激发、相互加强。学习动机一旦形成,它就会自始至终,贯穿于某一学习活动的全过程。

2. 学习动机产生的原因

个体的需要是产生学习动机的根本原因。人自身的需求使其产生各种得到某种物质或精神的渴望,这种欲求引导着人们的活动和行为,驱使着人们朝各自的目标前进。这是学习动机产生的根源。

人是复杂的社会性动物,在不同的领域有多种不同的需要。美国心理学家马斯洛提出了需要层次理论,它将人的需要从低到高分为五个方面:生理需要、安全需要、爱和归属的需要、尊重的需要、自我实现的需要。各种需要不仅有高低层次之分,而且还有前后顺序之别,只有低层次的需要得到满足之后,才能产生高层次的需要。

不同的需要会产生不同的动机。每一种需要其实都可以让学生产生学习的动机。只不过学习动机的程度和所关注的焦点有所不同。

3. 学习动机的分类

(1)根据刺激学生需要的因素来源，学习动机一般分为内部动机和外部动机。内部动机的刺激因素来自个体内部，比如有人立志做个数学家这样的想法；外部动机的刺激因素来自外部，比如“数学标兵”这样的奖励称号。

(2)根据刺激物与学习活动的关系，可将学习动机分为直接动机和间接动机。直接动机是指由学习活动本身所引起的心理动机，如因对数学感兴趣而认真听数学课；间接动机指由活动的意义、价值而引起的对活动的动机，如“为中华崛起而读书”。

(3)根据学习动机内容的社会意义，可以将学习动机分为高尚的与低级的动机或者正确与错误的动机。高尚的动机是与远大的理想和对国家对社会的责任联系在一起的，而低级的学习动机只是把学习作为一种换取自身利益的手段，仅着眼于自身狭隘的私利。

(4)根据学习动机起作用的范围的不同，可以将学习动机分为一般动机与具体动机。一般动机是在许多学习活动中都表现出来的，较稳定、持久的希望努力掌握知识经验的动机。具体动机是在某一具体学习活动中表现出来的动机。

(四)学习兴趣

1. 学习兴趣的概念

学习兴趣是个体积极了解和参与到学习中，并以此获得乐趣的带有感情色彩的一种认知倾向。学习兴趣往往不稳定，这是其最大的特点。

2. 学习兴趣对于学习活动有着重要的影响。主要是兴趣能使学生对学习活动产生比较持久的注意，在这个过程中情绪能够保持轻松、愉快，从而使思维活跃，想象力丰富，使认知结构处于轻松活跃状态，与学习活动积极互动。

3. 学生学习兴趣的产生原因是多方面的，可能是图形、计算、也可能是严密的证明。但最主要的是学生能从中得到真正愉快的体验。

(五)学习的态度

1. 学习态度的概念

学习态度是学生在学习生活中表现出来的一种较抽象、较综合、较宏观的精神现象，是学生对学习及其学习情景所表现出来的一种比较稳定的心理倾向。

2. 学习态度的形成

学习态度的形成与多方面因素有关。但主要与以下两个方面有关：

(1)学习者学习的价值观。学习者对学习的认识和理解，即持有何种关于学习的观念，对学习态度的形成至关重要。如果学生认为学习对自己未来的人生没有太大的帮助，那么他对待学习的态度必然是消极的。

(2)学习者学习过程中的情感体验。在学习活动中，学习者获得了较大的成就感，体会到学习给自己所带来的快乐，他以后可能会更加努力地去学习；反之，如果学习带给他的是痛苦，他就会避而远之。

另外，影响学习态度的因素还有学习者的家庭因素、对教师的认可程度、教学方法和社会大环境等。

(六)非智力因素与教学测量和评价的关系

对非智力因素的研究扩展了教学测量与评价的范围，使后者更加完善、合理。随着社会的进步和发展，人们对非智力因素越来越重视，因为社会需要的是全面发展的人才。而且，近年来，学生的心理健康、社会适应性等问题比较突出，这就更说明在教学中研究和分析非智力因素的重要性，通过对其进行测量与研究，可以及时发现学生中所存在的一些心理问题，从而对症下药。

第三节　测量学基础

教学测量与评价除了涉及教育学、心理学的相关知识外，还需要应用到大量测量学的相关知识。它为教学测量与评价活动提供测量学的基本原则，测量或评价只有建立在测量学的基础之上，才能具有较高的科学性和可信度。当前，教学测量、评价活动主要应用到三大测量学理论，即经典测验理论、项目反应理论和概化理论。

一、经典测验理论

（一）经典测验理论概述

1. 定义

经典测验理论是指以真分数理论为核心的测量理论。真分数就是在测验中所测标的物（如知识、技能、性格）的真实数值。在实际测量中，我们一般通过量表或者测量工具进行测量，其得到的直接结果叫作观测值。而由于样本的代表性或测量工具的非精确性，这个结果是存在误差的。因而，观测值并不等于真实值。为了获得真分数，就需要将观测值中的误差去掉。

基于这一问题，该理论提出了三种假设。第一种假设是，真分数保持恒定。在测量某一标的物的特质时，其必须有一定程度的稳定性，在一定时间内，标的物的特质是一个常数。第二种假设，误差随机波动。这可能存在两种情况：一是误差是平均数为零的正态随机分布，经过多次测量，误差可能上下波动，有正有负；二是二者相互抵消，误差的平均数几乎为零，测验的次数越多，误差的平均数越无限接近零。第三种假设，观测值正好与真分数和误差之和相等，即 $X=T+e$。

基于以上三种假设，经典测验理论得出两个重要结论：第一，真分数等于观测值的平均数。第二，在一组观测值数据中，真分数的方差与误差的方差和等于观测值的方差。

2. 经典测验理论的基本概念

其基本概念主要有信度、效度、常模、项目分析以及标准化。

(1)信度

信度(Reliability)指的是一份测量试卷测量结果的稳定性或可靠性。在经典测验理论中,信度的含义是在一组观测值中真分数的方差在总方差中所占的比例。因为在实际中真分数的方差和总方差很难计算出来,所以,提出了平行测验的概念,即采用不同测验方式对同一个体的同一标的进行相同的测量。假设某一标的特征可以采用多种测验进行测量,每一种测验形式都可以得到一个观测值,从而构成一组观测值数据,而这组数据的平均数就可以被称为"真分数"。

(2)效度

效度(Validity)即有效性,它是指测量工具或手段能够准确测出所需测量的对象的程度。经典测验理论提出了多个不同类型的效度,主要有预测效度、表面效度、同时效度、假设效度、实证效度、经验效度等。为了规范效度的相关研究,1974 年,美国心理学会将其分类三类:内容效度、实证效度和结构效度(详见本书第三章)。

(3)项目分析

项目分析是指经典测验理论所创立的一套筛选、鉴别项目的方法系统。其主要的指标是难度和区分度。难度是衡量测量试题和试卷难易程度的指标,定量描述考生作答一道试题时所遭受的困难程度的量数,就称作是题目的难度系数,也叫"难度值",用符号 P 表示。区分度是衡量试题或试卷对测量对象实际情况区分水平的指标,反映的是测量试题的区分效力,用字母 D 来表示(详见本书第三章)。

(4)常模

常模指以一组学生的平均成绩为参照数,将某一学生的成绩与参照数相比较，从而确定该学生在这组学生中的相对位置。经典测验理论将这种测验称之为常模参照测验。

(5)标准化

标准化是指对测验所涉及的各种要素或程序作出统一的规范，从而使测验在各种条件下都能实施，并得到相同的测验结果。

(二)经典测验理论的评析

经典测验理论经过多年的发展，已形成相当完备的体系。经典测验理论是所有测验理论的基础，其他测验理论都是在其基础上发展起来的，时至今日，它仍发挥着巨大的影响。

1. 经典测验理论的优点

(1)该理论比较通俗易懂，方法比较简单，很容易被人们理解和接受，普及性较好。

(2)一般情况下，其测验的精确性较好，可信度较高。

(3)实施条件简单，适用范围广，各种类型的测验都适用。

2. 经典测验理论的不足

(1)理论假设基本不成立。研究表明，真分数与观测值是非线性关系，而不是线性关系。另外，平行测验也是不存在的，因为即使是同一测验，也会受到疲劳、被测者的状态等因素的影响而产生偏差。

(2)信度受到质疑。计算信度时过于依赖样本，而样本的水平不同时，测验结果就会出现偏差，从而导致信度值的波动。

(3)难度和区分度不稳定。当被试学生的能力水平不同时，难度和区分度也会不同。

二、项目反应理论

(一)项目反应理论概述

项目反应理论又被称为“潜在特质理论”，是在经典测验理论的基础上发展而来的，它利用概率来分析被试个体对测验的反应与潜在特质之间关系。该理论认为，被试者的潜在特质是通过外在的行为表现出来的，通过一些测验题目，可以使被试者把外在行为呈现出来，观察者就可以利用这些外显行为推断被试者的潜在特质水平。项目反应理论认为被试者对测验项目的反应和其能力存在某种函数关系，它的主要目的就是分析这种关系。

(二)项目反应理论的基本假设

此理论有四种基本理论假设，即潜在特质的单一性、局部独立性、项目特征曲线的形式和非速度性。

1. 单一性

单一性指测量的特质是单一的，而不是多维特质。在测验时，我们可以选择被试者的某单一特质进行研究。对某一次测验来说，如果测验题目具有较高的一致性，就可以认为其测量的是单一特质。但由于人的心理是多维度的，因而在实际应用中要对测验是否单一进行单一性检验。对单一性检测运用的主要方法是要素分析法，当提取的第一个要素解释的偏差大于第二个要素时，就认为测验是单一的。

2. 局部独立性

局部独立性指被试个体对任一测验题目的反应都只受其自身能力的影响，而不受其对其他题目反应的影响。这一假设是建立在单一性的基础上的。只有在单一性存在的前提下，被试者对题目的反应只受到其能力水平的影响，而无其他特质的干扰。

3. 项目曲线特征的形式

项目反应理论认为，反应概率和潜在特质之间存在规律性的关系，这一关系可以用一个函数来描述，即项目反应函数。在数轴上把反应概率和特质对应的点用图线连接起来，构成一个函数图像，便是项目特征曲线。经研究发现，反应概率和潜在特质之间呈现S形的曲线关系，因而二者的这种对应关系可以用S形曲线的函数关系式来描述。

4. 非速度性

非速度性指在测验中答题的速度不是制约测验成绩的因素。这一假设认为,在某一测验中,被试者因时间不够而没有回答某些题目,不是因为他们答题速度慢,而是因为他们自己的能力不足。

(三)项目反应理论的评析

项目反应理论是对经典测验理论的进一步发展和完善,它修补了经典测验理论的一些不足之处。

1. 项目反应理论的优点

(1)其基本假设是被试者对题目的反应和潜在特质之间存在非线性关系,这是符合事实的。

(2)信度性较高。它摒弃了平行测验的方法,引入了函数关系式来描述测量的精确性,并认可能力水平不同的测验组存在不同的测量精确度。

(3)观测值不受特定测验题目的影响。无论让被测者完成容易的还是较难的测验题目,观测值是没有变化的。这是由于该理论用同一标尺对被测者的特质和题目难度系数进行测量。

2. 项目反应理论的不足

(1)其单一性的假设饱受诟病。在实际测量工作中,对单一性特质的测量是很难完成的。因为人的心理特质是彼此存在密切联系的,严格意义上的单一特质的测量是不存在的。时至今日,单一性需要达到什么标准才能应用该理论,仍然没有定论。

(2)该理论对测验实施的要求比较严格,而且为了保持其精确性,需要较大的样本和较多的测验题目数量。这导致在有些情况下其精确性难以得到保证。同时,因为该理论是建立在数学函数的基础上,计算方法过于复杂,所以其普及性受到限制。

三、概化理论

李·克龙巴赫认为,经典测验理论存在两个致命的缺陷:一是平行测验假设难以真正满足；二是把测验分数简单的分成真分数和误差，这种划分过于笼统、粗糙。为了纠正这些不足之处，他提出了概化理论（简称 GT）。

（一）概化理论概述

概化理论的基本思路是，任何测量都是在一定的情境关系中进行的，所以要考察测量工作，应该从情境关系的角度出发。概化理论提出了与经典测验理论不同的信度的相关假设，同时创立了一套方法以系统辨别与实验性研究存在多种误差、方差的来源。它用“全域分数”（Universe Score）取代了“真分数”（True Score），用“概化系数”（Generalizability Coefficient）取代了“信度系数”（Reliability）。

（二）概化理论的基本概念

1. 测量目标和侧面

测量目标指测量者想要测量的个体特质的属性，比如学生的兴趣、知识的掌握程度、教师的教学质量等。概化理论认为，测量目标是具体的、可以变化的，所以全域分数也是可以变化的。当侧面固定时，侧面自身就成为测量目标的一部分，这样目标的范围就缩小了，比如对学生理解能力的测量转变成对数学应用题的测量。

测量侧面是指在实施某一测量时所涉及的条件，也就是影响测量的各种因素，主要包括测量的环境、测量的样本、测量工具、测量情境等。测量条件的数量被称为“侧面的水平”。依据侧面和观察全域的关系，测量侧面分为随机侧面和固定侧面。随机侧面是指侧面中的随机样本的水平是类似的或相近的，而不是固定不变的侧面，如高考阅卷工作中阅卷人员每一年都可能不同，由这样变化的阅卷者所构成的侧面就是随机侧面。固定侧面是指在每一次测验中，其样本水平一直保持不变的测量侧面，如标准化的学业测验中，测试的题型总是一样的，这种类型的侧面就是固定侧面。固定侧面可以减少测量误差，提高测验的精确性，但会缩小测量目标的范围。比如，把理解能力固定为对数学应用题的理解，所测的特质就不再是一般意义上的理解能力，而是窄化为对数学应用题的理解能力。由此，测验所得结果的适用范围就比较小了。

2. 概化研究和决策研究

概化理论是利用方差分析的方法来估测方差成分的相对大小，既可以估测主效应，也可以估测交互效应，并能直接对估测值进行大小的比较。概化研究是透过测验情境关系，利用方差分析法对方差成分的大小进行比较的过程，或称 G 研究。概化研究的主要功能是利用方差分析法来估测方差的分量。

决策研究是在 G 研究的基础上进行的，通过实验，观察在不同条件下的概化系数，并利用改变题目、被测者的数量或将随机侧面转化为固定侧面的方法，使概化系数最大化，同时采取措施严格控制误差，使其最小化，最后用 G 研究的误差分量估测数值来鉴定这种设计方案的效果，从而选择出最佳方案。这一过程就是决策研究，或称 D 研究阶段。

3. 误差来源

概化理论认为存在四种误差的来源：①测量对象的差异。这主要是由被测者的能力、性格、兴趣等方面的不同所产生的误差。②题目难度的差异。在不同的测验中，由于题目的难易程度不同，导致观测值会有所偏差。③被测者对题目接受程度的不同。对于同一个题目，有的人认为非常简单，而有的人却认为很难。由此产生的误差就是被测者和题目的交互效应。④随机产生的误差。概化理论采用的是随机平行测验，这其中不可避免地就会产生误差。

（三）概化理论的评析

1. 概化理论的优点

（1）概化理论用方差分析法来估测方差成分的相对大小，可以直接比较。经典测验理论虽也可以估计出某一个方差成分的大小，但是所得的观测值之间并不能直接比较，同时其只能作主效应估测，不能估测交互效应，而所有这些概化理论都能很好地得到解决。

（2）其在测量误差方面具有很大的优势。在不同的情景关系中，它能够估计出误差的多种来源，从而为提高测验的精确性提供更多的支持。

2. 概化理论的不足

（1）概化理论和项目反应理论一样，都强调所测特质的单一性，所以对测验题目的同一性有严格的要求。在对多维特质进行测验时，它依然存在严重不足。

（2）概化理论的主要方法是方差分析法，利用该方法可以考察各种误差的来源。但由于数据的复杂性，方差可能出现负数，而该理论对此却束手无策。

第三章　教学测验的一般原理与方法

测量试题的编制是教学测量与评价的关键性环节，而涉及测量的试题就不可避免地讨论到试题的类型和试题的质量指标。测验的试题基本上分为两大类：主观性试题与客观性试题。而对试题的质量特性的分析则主要是“四度”的分析：信度、效度、难度和区分度。本章主要针对测量试题的类型、教学测量的实施步骤以及测量试题的质量指标等进行比较系统的介绍。

第一节　测验题目的类型

构成教学测验的基本要素之一就是测验题目，所以在整个教学测验中，编制测验试题是非常重要的一个环节。因此，要想组成一套高质量的测验试题，我们必须要凭借考试的基本要求和目标，准确地把握各类试题的命题方法和测验的作用，选择合适的题目。

教学测验的题目一般情况下分为两大类：选择题和供答题。前者主要包括选择题、配合题、是非题等，它要求被试者从题目所提供的几个选项中选择正确的答案；后者主要包括填空题、简答题以及论述题等等，要求被试者凭借主观想象，自己提供答案。

从评分的客观性上来划分，教学测验的题目又可分为客观性试题和主观性试题两大类型。客观性试题是由被试者从试题已经给出的选项答案中选出自己认为正确的答案，常用的客观性试题主要是是非题、选择题、配合题等;主观性试题没有明确的答案和评分标准,主要测试考生的知识面、分析问题和解决问题的能力,它不能进行客观性的评分,题目以作文题、论述题和自由反映题为主。

本节内容主要就客观性试题和主观性试题的类型、作用和编写等方面的要求来作相关的介绍。

一、客观性试题的类型及编写要求

客观性试题主要包括供答题中的填空题、简单的问答题和选择题、匹配题。

(一)选择题

1. 结构

选择题由题干和选项两部分构成。题干是测试题的主干部分,由它来提出问题,可用陈述句、问句来表示。选项则是供被试者选择的答案,由短语或词组构成,在备选的答案中有一个或一个以上是正确的答案,而其余的选项则是干扰选项或者是错误答案。

2. 类型

选择题根据不同的特征可以分为不同的类型,一般常见的有以下几种:

(1)最佳选择

最佳选择题的选项中只有一个是最佳的答案,其他的选项在某种程度上也是正确的,但是通过比较、分析能够发现它们都不是最佳的答案。

(2)归类选择

列出若干选项,将选项归为若干类,要求被试者按一定的标准选出归类正确的选项。

(3)填空选择

将一段话中的字、词、句去掉,要求被试者通过思考从备选项中选择正确的、能够恰当地填补空缺的答案。

(4)排序选择

将几个对象列为几种排列的顺序,然后被试者根据要求选出排列正确的一项。

(5)图解选择

将文段所表达的内容用示意图的形式表现为几个选项,要求被试者从这几个选项中选出符合题干要求的示意图。

(6)承接选择

列出一个或几个连续的句子,并给出几个包含承接句子的选项,要求被试者从这几个选项中选出承接正确的一项。

(7)阅读选择

首先在前面给出一篇文章,后面提供问题并列出备选答案,要求被试者在阅读文章后,选出正确的选项。

(8)辨识选择

一般是辨别字词的文化常识,名词术语,形、音、义,公式定理等。

3. 选择题的优缺点

在客观性的试题中,选择题是最为灵活的一种题型,其优点表现为:

(1)评分客观、标准一致,基本不会受到评卷人主观因素的影响,并且随着信息技术的飞速发展,可以凭借电脑快速阅卷,大大提高了阅卷的速度和自动化水平,节省了人力和时间。

(2)答题比较快捷,便于考查被试者判断力的准确性和思维的敏捷性。

(3)应用广泛,可用来测量不同性质、不同层次的学习材料,准确把握被试者对所学习知识的理解及应用的能力。

(4)可以大范围地抽取有代表性的题目样本。如果所测验的内容覆盖面较大,组成一次测验的题目数量可以适量加大,使测量效度提高。

(5)通过被试者对错误选项的选择，老师可以发现他们在学习中存在的问题，以找到原因，及时解决。

同时，选择题也有其自身的缺点，表现为以下几点：

(1)命题较为困难。选择题的数量众多，编制与正确答案既有本质区别，表面上又相似的干扰选项，不仅需要较高的命题技巧，而且还需要花费大量的时间。

(2)很难测量被试者的推理能力以及运用知识的能力，无法把握他们的解题过程；被试者发散思维的能力也很难在选择题的中有效测量出来。

(3)虽然在选择题中仅凭猜测的成功率较低，但是猜测因素仍然广泛存在，对考试的信度有很大的影响。

4. 选择题的编写原则

为了充分发挥选择题的优良性与适用性，在选择题的编写过程中，要遵循以下几条原则：

(1)题干意义完整并能表达一个确定的问题。① 题干的题意表达要清晰，措辞要精准无误，不能模棱两可。

(2)题干不能对正确答案有任何暗示，题目的选项都要与题干有一定的逻辑联系，干扰选项不能错得太明显，要尽量降低考生猜对的可能性。

(3)题干和选项的文字表述要精练简短。各个选项中相同的字眼尽量放到题干中，使得题意表达更加清楚，减少考生读题所用的时间。

(4)题干尽量避免使用否定式的表达结构，要多使用正面的陈述方式。否定结构不仅会给考生带来阅读上的困难，而且还不利于真正考查被试者对知识的掌握程度；同时，正面陈述比否定陈述

① 参见[美]N. E. 格朗兰德：《教学测量与评价》，郑军等编译，河北教育出版社1991年版，第103～104页。

更加具有教育意义。

(5)题目中尽量不要使用“以上皆是”“以上皆非”的选项。出题人在编制选择题目时,为了拼凑足够的选项,往往会用“以上皆是”“以上皆非”来充当最后一个选项,而事实上,这样的出题方式不仅很难达到题目预期的功能,反而会降低题目的有效性。

(6)在同一份测验试题中,各个题目之间要相互独立,不能有联系。某些情况下,同一份试题中某一个题目的表述所提供的材料,恰好可以帮助被试者回答其他的题目,这样也会降低试题的有效性。

(7)题目选项中正确答案的位置不要形成固定的模式,避免让考生从答案的位置来猜测答案。在条件允许的情况下,各个选项可以按照时间顺序或者逻辑顺序来排列。

(二)是非题

是非题又叫作“正误题”或者“二项选择题”,它是要求考生对一个句子作出对错判断的题目。通常用来考查被试者对于基本概念、原则、性质等的理解,测量被试者的逻辑推理能力。

1. 是非题的优缺点

是非题的优点大体表现为以下几点:

(1)试题的编制相对容易,适用于各种类型的教材。题目表述既可以是陈述句式,也可以是疑问结构;题意表达既可以是肯定的,也可以是否定的。

(2)评分客观公正,不受主观因素的影响,适用于各门学科。

(3)考生答题方便,可在较短的时间内完成很多问题,取样比较广泛,可以广泛覆盖知识点;凭借电子计算机阅卷技术,可以使得评阅省时、省力,客观准确。

是非题的缺点主要表现为:

(1)受到猜测成分的影响较大。因为只有两种选择的可能性,考生仅凭猜测做对题目的可能性就高达50%。

(2)是非题在测量被试者的知识能力时,通常仅能测量最基本的结果，很难评价较高层次的学习结果。

2. 是非题的编写原则

是非题在编写时需要遵循以下几方面的原则：

(1)题目所考查的知识点应当是有价值的、重要的知识点，而不能是一些无关紧要的、琐碎的问题。

(2)一个题目中，只能有一个重要概念或中心问题，尽量不要在同一个题目中出现两个或两个以上的概念，以免出现双重意思，造成“半对半错”“似是而非”的情形。

(3)题目要重在测量被试者的理解能力，不能只测量记忆性的内容。为了防止被试者死记硬背书本知识，在编制试题的时候，不要直接摘抄书本教材的内容。

(4)题目的陈述要简洁清晰，不能模棱两可、似是而非，尽量不要使用复杂句型，要多采用正面陈述，避免使用否定或双重否定的句子结构。

(5)题目的数量不能太少，正确和错误答案的数量要大致相等，两种题的次序排列不能形成固定的形式。

(三)配合题

配合题是由选择题变形改良而来，其结构包括一组问题和一组供被试者选择的选项。这类试题，一个问题只有一个与之相对应的答案，但是一个答案选项既可以被选中一次，也可以被选中多次或者完全不被选中。

1. 配合题的优缺点

配合题的优点主要表现在以下几个方面：

(1)可以用来测量被试者的理解能力和判断力。多用于考查事物之间的相关性、因果关系以及对知识原理的应用。

(2)配合题还有较高的测量效率。它能够在短时间内测量大量相关联的事实性内容，考查的知识点覆盖面较广。

(3)试题编制比较容易。

配合题的缺点有以下几点：

(1)同选择题和是非题一样，配合题仍然有猜测因素的存在，容易提供额外的答题线索。

(2)符合学习结果和教学目标的同质性材料，在配合题中很难体现。

(3)很难测量较高层次的教学目标。

2. 配合题的编制原则

(1)题目中题干和答案选项的数量要适当。答案选项的数目应尽量多于题干的数量，而且每个选项被选中的次数不受限制，这样便可以降低考生靠猜测答对的几率。

(2)在配合题中，尽量使各个题干和选项之间有相近或相同的性质。比如在一个配合题中，题干一列有的问年份，有的问人民，有的问地名，由于各个题干性质不同，考生便很容易从问题的选项中选择出正确的答案。反之，题干和答案选项的同质性可以使得所有的选项都有可能成为问题的似真答案，这样可以增加难度，以达到考核目的。

(3)题干和选项的位置排列必须经过多方面的缜密考虑，要有逻辑顺序或时间顺序。

(4)题目的指导语要清晰，要明确规定答题的方法和步骤，避免题意不清的情况出现。

(四)填空题

所谓填空题就是命题者作一个陈述，陈述中间剔除一个或几个中心词汇要求考生填充，以使得句子连贯。

1. 填空题的优缺点

填空题的优点：

填空题主要用于考查考生的理解、记忆能力，适用于诊断性的测试。

(2)评分比较客观，受阅卷人的主观影响较小，考生不容易猜测，能够测量出被试者的真实水平。

填空题的缺点：

填空题比较偏重于测量考生对于知识的记忆程度，容易使学生养成死记硬背的不良习惯。

2. 填空题的编制原则

(1)题目空白处待填写的应该是有意义的中心词汇，与前后文有一定的联系，以免考生填写过于困难。

(2)填空题是封闭性试题的一种，对于题目的逻辑严密性要求较高。因此，为了达到教学目的，在编制填空题的时候，题干表述要使得被试者按照一定的思维趋势定向思考。

(3)题意表述要清晰，空白处所要填写的答案应该是唯一确定的。题干中空白数量不宜过多，要防止句子过于零散，考生难以理解的情况出现。

(4)题目中空白处的长度要一致，不能太长或太短，更不能随着正确答案字数的多少而变换长度，防止对被试者产生暗示。

(5)当空白处所要填写的答案是数字的时候，要明确数字单位和数字的精确程度。

(五)简答题

简答题是给出一个问题，要求考生用几句话来回答的一类题型。虽然简答题由考生自己作答，但它仍然是一种客观性试题，同时也是最简单的一种供答题。

1. 简答题的优缺点

简答题的优点：

(1)简答题比较适合考查考生对书本理论、概念等的理解和掌握情况。

(2)试题编制相对简单灵活，可以从不同的方向和角度出题，出题人可以灵活把握知识考核的深度。

(3)简答题受考生猜测因素的影响较小。

简答题的缺点：

(1)简答题评分受阅卷人主观影响比较大,不够客观,试卷评阅比较困难,耗费人力和时间较多。

(2)较高层次的教学目标很难通过简答题来考核。

2. 简答题的编制原则

简答题在编写过程中,需要遵循以下原则：

(1)简答题的答案应该是唯一的,要避免繁琐,尽量简短清晰。

(2)问题题干的陈述要清晰、尽量用直接问句,不要拐弯抹角,以避免给被试者带来理解上的困难。

(3)简答题要重点考查考生对知识的运用,防止学生死记硬背。

(4)简答题在考查被试者关于公式的应用时,为了避免计算上的麻烦,尽量不要给出过于复杂的数字。

二、主观性试题的类型及其编写要求

主观性试题主要包括作文题、论述题以及操作题等题型。

(一)论述题

论述题是给出一个问题,要求考生用自己组织的语言写成一个较长的答案来回答的问题。这样,考生在组织答案的时候,就可以充分发挥自己的主观能动性,不仅可以运用自己所学的知识,而且还能够加入自己独特的见解。所以说,论述题可以从各方面考查学生的综合能力,包括探究问题、解决问题的能力以及创新的能力。

1. 论述题的优缺点

论述题的优点可简要概括为以下几点；

(1)可以用来测量较高层次的教学目标,引导学生积极思考,有效掌握学科的内在联系,提高学生应用知识、解决问题的能力,可以增强学生学习的兴趣,端正他们的学习态度。

(2)有利于提高学生的语言组织能力和写作能力。

（3）编制试题较容易，受猜测因素影响较小。

论述题的缺点有：

（1）一般情况下，在一份试题中论述题的数量较少，但是所占的分值较重，因此，论述题的取样范围有很大限制，不能广泛地代表学科内容，最终也很难测量出考生的真实水平，从而影响测验的效度。

（2）在评阅论述题的时候，很难制订出一份让所有评分者都能接受的评分标准；试卷评阅受评分者主观影响较大，不同的评分者对同一份答案所给出的成绩可能会有较大的差别。

（3）论述题阅卷评分会消耗大量的人力和财力。

2. 论述题的编制原则

（1）问题陈述要清晰明确，对作答要求和限制要有详尽的解释（比如字数和时间的要求），题目表述要避免笼统、空洞，要尽量使考生对题目的要求一目了然。

（2）论述题的编制要体现高层次的测量目标，真实客观地反映被试者各方面的实际能力（包括发现、探索、创新等能力）。

（3）避免由考生自己选择问题回答。一般情况下，考生倾向于选择对他们来说难度较小的题目作答，这样很难测量他们的真实能力。另外，不同的论述题之间也很难做到等值，得分难以比较，如果让考生自由选择题目，最终成绩也就失去了相互比较的可能性。

（4）论述题答案的编制要有统一的定论。论述题在作答时主观性较强，如果答案不进行统一定论，那么最终评分就会产生非常大的困难。

（二）作文题

作文题是论述题的一种，它能够从书面表达、逻辑和形象思维等多方面考查学生的综合能力，适用于各个年龄阶段的学生。

1. 作文题的分类

作文题的分类角度有许多种，此处先简要介绍以下几种：

（1）按照要求的文体不同，可以把作文题分为议论文、说明文、记述文、应用文等。

(2)按照对所提供材料安排方式的不同,可以分为:

①改写型:考生按照要求另选题材和立意,或者改变原有的文章结构和文体,或者对原文进行适当的删减和补充。

②续写型:考生按照原文的思路和内容结构,通过自己的想象力对原文加以延伸,使得续写的部分与原文合理衔接构成完整的文章。

③缩写型:给出原文章,考生通读全文,把握文章中心,厘清文章结构,简述文章的要点,连缀成文。

④扩写型:扩写型作文与缩写型作文相反,它是要求考生在原文的基础上展开丰富的想象,对原文进一步扩充,使得文章内容更加生动形象。

⑤填空型:考生按照要求联系上下文的内容,将原文章中缺失的部分补充完整,使得文章内容完整、连贯。

(3)按照提供材料或提供题目的角度,可以将作文题分为条件作文和命题作文。

条件作文一般会提供一段材料或一幅漫画,要求考生理解给出的漫画或材料的思路,然后自定题目、自选角度写一篇作文。

命题作文只提供给一个题目,没有附带的材料,要求考生根据作文题的给出的题目写文章。

2. 编制原则

作文题旨在测量考生的写作能力,它的分值较高,所以在命题过程中要保证质量,以提高测量的效度和信度。作文题在编制过程中要遵循以下原则:

(1)按照测量的目标确定作文的文体要求。

(2)题目在选材范围和写作意图上要考虑对所有考生的公平性,符合考生的心理发展特点。

(3)命题的设计要注意联系国家和社会的需要和考生的现实

生活实际，要留有余地，给考生充分的发挥空间。

第二节　教学测量的实施步骤

教学测量是一个过程，虽然各种测验的性质、种类和目的都有所不同，但基本步骤是相同的，下面我们就教学测量的实施步骤做一下相关的介绍。

一、教学测量的步骤

（一）确定测量目的

教学测量的首要步骤，就是明确测量的目的，着眼于下面几个方面：

1. 需测量的是哪种属性？是学科成绩方面还是智力方面？

2. 测量针对的对象属于哪个年龄段？是成年人还是儿童？

3. 明确规定测量的内容和范围。是测量数学学科的内容还是英语学科的内容？

4. 教学测量的作用和性质，是常模测量还是目标测量？是选拔测量还是单纯的成绩测量？

（二）分析测量目标

在确定好教学测量的目的之后，还要进一步进行分析，明确具体的测量目标。在分析教育目标时，最有参考价值的资料就是布鲁姆等人关于教育目标分类的理论。布鲁姆在《教育目标分类学》中把教育目标分为了认知、情感和动作技能三个领域，而认知领域部分的内容是分析各科教学测量目标的基础。

布鲁姆按照从简单到复杂的顺序和由低级到高级的等级关系将认知领域的目标分为六个类别：知识、领会、运用、分析、综合、评价。

1. 知识

知识是最低等级的认知目标，是对普遍原理、具体事物、方法、过程和结构的回忆。在回忆的过程中，要求学生对所学习的行为作些许的变化，但是变化不大。

2. 领会

领会是最低层次的理解。学生不需要完全弄清楚所交流的材料和观念的含义，也不必把某种材料与其他材料联系起来，就可以知道正在交流的内容，并可以对交流的内容加以运用。学生在理解的过程中，可能会改组头脑中交流的内容。

3. 运用

运用是把较为抽象的概念运用于具体和特定的情境中。这些抽象的概念可以是一般的观念、概括化的方法、程序的规则，也可以是专门运用的观念、原理和理论。

4. 分析

分析是把交流的内容或材料分为几个部分，掌握各部分之间的相互关系。

5. 综合

综合是把分解的各个部分组合成一个整体。它是对各个组成部分进行加工，从而构成一个比较清晰的模式或结构的过程。

6. 评价

评价是因为特定的目的而对观念、材料和方法的价值作出判断。

布鲁姆在认知领域关于教育目标的这六个层次的阐述，适用于所有的学科，有很强的实用性。

（三）确定测量指标

测量指标是指测量内容及其所占的比例。现代教学测量理论认为，人的内在能力总是在外在行为上有所显示，外在的显性行为总是受到内在能力的控制和引导。因此，要测量内在的能力和水平，可以通过测量外显的行为来进行。比如学生的问题解决能力，是一种内在能力，虽然不能直接进行测量，但可以通过测量学生外显的问题解决的速度和难度来测量。

确定测量指标即是确定外显的或可测量的内容，并以此来确定对内在目标的测量。比如学生的学习积极性也是一种内在能力，不可以直接去测量，但我们可以通过测量学生完成作业的质量、课上提问问题的数量、课下主动做题的时间和数量等来测量。如果该生在这些项目上得分比较高，那么可以确定这个学生的学习积极性是较大的。因此，确定测量指标是至关重要的。

但测量指标的确定也并不是很容易就能做到和做好的。要想做好这一步，唯一的办法就是仔细分析要测量的目标，深入分析与其相对应的外显行为，从而找到可测量的项目；然后在此基础上深入分析，明确每一部分所占的比重，确定好主要部分和次要部分。这样做的原因是，同一个内部能力其外显行为可能有很多，比如问题解决能力，它可以表现在解决问题的速度上，可以表现在分析问题的深入程度上，还可以表现在解题步骤的规范程度上等。但这些方面往往并不是等重的。因此，我们要找出哪些是主要的，哪些是次要的，以备下一步编制测量题目所用。

（四）选定测量对象

选定测量对象是根据测量目标，确定出测量所针对的人员或事件。测量对象可以是老师，也可以是学生；可以是中学生，也可以是大学生；可以是优等生，也可以是差生。确定好这个问题也同样重要，如果出现差错，则会失去测量的可信程度。比如有一个针对差生的教学测量，如果选择的对象是全班学生，那么这个测量就是不合理的，因为全班都是差生的情况几乎是不存在的。

那么，怎样来选择测量对象呢？这就需要具备以下条件：

1．测量对象是正确的

测量对象要正确是指选择的对象一定是和上述测量目标中要求的一致。比如一个教学测量要测量的是学生的学习兴趣，那么就需要选择学生作为测量对象，而不能选择老师。

2. 测量样本要全面

样本要全面是指全体人员都要参加测量,这样才能取得最理想的效果。如果这个条件很难满足,就需要选择部分有代表性的样本。样本的选择是至关重要的,很多关于教学测量的评价首先就是看样本的选择。

(五)编制测量题目

编制测量题目即是根据教学情况和学生的具体情况,遵循教学测验的指标进行分析,编写相应的测量题目。

(六)分析测量题目质量

分析测量题目的质量即是分析测量题目的信度、效度、难度和区分度等,以达到科学的标准。信度就是测试题目的可信程度,也即稳定程度;效度即是测试题目的有效程度,也即真实程度;难度就是测试题目的困难程度;区分度即是测试题目区分考查目标的能力。

(七)确定测量实施程序

确定测量实施程序即是确定具体测量的时间、地点、组织人员、测试卷的印制与发放等,以确保测量的顺利进行。

(八)实施测量

实施测量是按照计划进行测量和收集测试卷。

(九)批阅、统计与分析

在测量结束、收集测试卷之后,就需要对测量的结果进行检查、打分,然后根据目标要求进行统计并利用各种工具进行分析。比如要测量一个班所有学生的一般数学水平,则需要计算全班学生的数学平均分;假如要测量全班学生的数学学习优秀率,则需要计算全班优秀学生的人数与全班学生人数的比值。

二、教学测量试题的编写

测量试题在编写的过程中,首先要根据考查指标,结合考查对象预计的知识储备量编写和配置题目，然后按照教师的教学特点和学生的学习特点整合各种题目，编制成测量试卷。

（一）测量题目编写应注意的事项

依据测量对象所能接受的知识编写题目，即是根据学生的学习特点或教师的教学现状，以学生或老师了解熟悉的知识为载体来编写题目。比如要考察学生的解题能力，测量题目一定要选择学生学习过的知识来编写；如果要考察中学教师的教学水平，测量时一定要依据中学教学内容来编写题目。

测量题目的编写在整个测量过程中是至关重要的一环，为了达到理想的测量效果，必须注意以下几点：

（1）正确使用承载知识，不能出现陈述以及理解上的错误。

（2）测量题目要科学，文字表达要简练规范，图表应清晰，数字要准确，重点要突出。

（3）测量题目要紧扣测量目标和测量指标。

（4）测量题目要全面，覆盖全部的测量指标。此外，应尽量涉及多方面的知识，以保证测试到真实的结果。为了确保做到这一点，在编写题目之前一般都要设计一个命题双向细目表，如表 3-1 所示。

表 3-1　命题双向细目表

测量指标和题目 / 测量知识	测量指标一			测量指标二			测量指标三			……
	单选	填空	……	单选	填空	……	单选	填空	……	……
第一项知识	2	3	……	1	3	……	1	2	……	……
第二项知识	1	1	……	0	0	……	4	0	……	……
第三项知识	0	2	……	2	1	……	1	3	……	……
……	……	……	……	……	……	……	……	……	……	……

（5）题目数量和难度要适中。测验题目数量太多，学生做不完，就不能完全考察测量的指标，而且还有可能影响学生的情绪，

导致测量失真，题目太难也是如此。

（6）所有的题目都应该有标准的赋分方法。测验题目的分值不能一概而论，那些涉及主要指标、比值较大的题目，要多赋分，比值较小的要少赋分。

（7）要使用测量对象熟悉的语言和题目。如果学生不熟悉证明题，则不能使用证明题；如果学生不了解开放题，则不能使用开放题。

（二）编制测量题目的常用方法

测量题目在编制过程中所用到的方法有很多，常用的有以下几种：

1. 移用成题

移用成题是指借用别人已经使用过的现成的题目。在借用别人题目的过程中一定要注意其测量目标是不是和当前的一样，只有在测量目标一样的情况下才能够使用。此外，还需要注意其原来的赋分方式是不是符合当前的原则，如果不符合，则需要进行修正。

2. 改编成题

改编成题是指对以前使用过的题目进行修整改变，整合出一个与成题类似的新题。

这种方法主要有三种基本范式：

（1）纵向改编，就是将一个成题的结论加以深化或者推广。例如对勾股定理的推广：直角三角形两直角边上的正 n 边形的面积和等于斜边上正 n 边形的面积。

（2）横向改编，即是通过改造成题的形式或是通过类比的方式来构造新题。例如通过改造勾股定理来构造新题：直角三角形中斜边与一直角边的平方差等于另一直角边的平方。

（3）逆向改编，即是根据原题构造逆命题。例如逆向改编勾股定理：三角形的三边关系满足 $a^2+b^2=c^2$ 的三角形为直角三角形。

当然,上述方法也可以搭配使用。

3. 构造新题

构造新题是指构造一个全新的题目。一般可以通过以下几种方法:

(1)演绎法,即是从一般结论(比如定理、公式、法则或有名的题目)出发,通过演绎得到一个新命题。例如从“三角形内角和等于 180°”出发构造出一个新题:证明四边形的内角和为 360°。

当然,演绎法也可以使用多次。比如“从证明四边形内角和为 360°”出发构造出一个新题:证明平面上 n 边形的外角和为 360°,就是使用了多次演绎得到的新题。

(2)逆推法,即是从一个预定的结论出发,经过逆向推理构造出一个新题目。比如设定两个数值 3 和 5,利用韦达定理构造出一个一元二次方程 $x^2-8x+15=0$,然后让学生解这个方程,这就是逆推法。

(3)基本量法,即是依据一个系统中的基本量来构造新题的方法。所谓基本量是指一个系统中相互独立的且能推出其他量的一些量。

比如在等差数列中有 a_1,n,d,a_n,S_n 这样一些量,这些量中 a_1,a_n,d 就是一组基本量。这样,我们在这个系统中给 a_1,a_n,d 赋一组值,然后去求另外的两个量。比如:

已知 $a_1=-5,a_n=13,d=3$,求 n,S_n。很多数列题就是这样构造出来的。

(4)派生法,即是利用高等数学的一些原理、命题或思想,弱化一些条件,派生出一些简单的数学命题的方法。

比如由柯西不等式构造一个新题:

证明 $(a^2+b^2)(c^2+d^2)\geqslant(ac+bd)^2$。这就是由派生法构造的新题。

(5)抽象法,即是通过概括和抽象实际问题而得到一个新的数学题的方法。比如由哥尼斯堡问题抽象得到一笔画问题，就是一个由抽象法构造新题的方法。

（三）测量试卷题目的整合

根据测量对象的特点将题目整合成一个试卷，即考虑测量对象的教学、学习等方面的特点，通过一定的编排顺序和编排方式将一定数量和难度的题目编制成一整套测量试卷，以备后用。

将测量题目整合成测量试卷的基本原则有以下几点：

1. 试卷的长度和难度要适合测量对象的能力。

2. 试卷的编排方式应符合测量对象的习惯。一般情况下要按照先易后难的原则来进行。

3. 试卷要易于实施测量。比如试卷纸张大小要合适、所留空白要充足等。

4. 整个试卷要有较好的质量指标。质量指标主要从信度、效度、区分度和难度等方面来衡量。

三、教学测量的实施

待教学测量试卷质量检查合格并且制订好计划后，就可以进入实施阶段了。实施过程大家比较熟悉，如同考试一样。但是为了保证测试的顺利进行和测量结果的真实可靠，必须注意以下几个问题：

（一）切实做好测量准备工作

为了确保测量的顺利进行，需要在测量实施之前做好预备工作，比如测量试题的印刷、保管、运输、登记、装订，考场的整理、号码的排列等。

（二）选择和培训合格的检测人员

整个教学测量是一个非常严谨的过程，要求检测人员了解测量的基本常识和程序，能及时处理测量过程中的常见问题，比如换试卷、装订试卷、组织纪律等。

（三）对于测量对象要给出清楚准确的说明，正确引导其参加测量

有些教学测量的过程和步骤比较繁琐，这就需要对测量对象进行多方面的引导，使其能轻松自如地参加测量，确保结果的可靠和准确。

（四）对于测量过程中可能出现的诸多问题要有提前预案

在测量的过程中往往会有诸多突发问题，比如试卷损坏、测量对象中途退场等，这就需要测量人员在测量之前，预测好测量过程中可能突发的问题，早作准备。

（五）测量完毕要及时处理善后事宜，及时客观地完成测量成绩评定工作

教学测量是个复杂而紧张的过程，既要求全面，又要求真实客观，所以很多时候需要给测量人员准备一定的物质奖励，鼓励他们的参与。

第三节　教学测量的质量指标

试卷编制完成之后要检测试卷的质量，然后才能印制和实施测量，只有这样才能最大限度地保证测量的科学性。需要检测的内容主要包括试卷的信度、效度、难度和区分度这几个方面。

一、教学测量与评价的信度

（一）信度的意义

信度（Reliability）指的是一份测量试卷测量结果的稳定性或可靠性。如果一份试卷稳定性比较高，则信度比较高，反之则比较低。那么，什么是稳定性？稳定性就是一份试卷测量两次或多次，所得结果的一致性或不变性。

一般来说，测量的信度是以两次测量结果的相关系数来表示

的。如果一次测量不受外界环境各种因素的影响，不受考生焦虑、紧张、猜测等因素的影响，不受评分者的主观影响，那么此次测量对于同一组考生来说，它的测量结果应该是一样的，这表明测量完全可靠，也就是说，此时的信度达到了最大值。但是在实际情况中，任何一次测量都或多或少地受到各种外在或内在因素的影响，导致相同测量对同一组考生的两次施测结果总是存在一定程度的误差。误差越大，说明信度越低；误差越小，信度就越高。

（二）信度的表示

上面我们提到，一次测量的信度是以两次测量结果的相关系数来表示的，而这个相关系数就叫"信度系数"。信度系数在统计学里面一般用 r 表示，其取值范围为[0,1]。

（三）信度系数的计算

从定义可知，由真实值减去误差便可以得到信度。但是由于真实值和误差值都很难测定，所以一般不用这种方法求信度，而是用近似的替代方法。常用的替代方法主要有以下几种：

1. 相关系数法

相关系数即是两列数据相互关联的程度系数，是估计两列数据是否可能有关系的初级分析。所谓相关系数法是指利用试卷的两次测试、等值测试或分半测试所得数据的相关系数来计算信度的方法。

两次测试就是用一份试卷连续测量两次（中间要隔一段时间）。（注意：在测量试卷正式使用之前一般都要进行试测，来确定信度、效度、难度和区分度等，这是了解试题质量的一般方法。）

等值测试，就是对要测试的试卷再编制一份等难度、等长度、等样式的试卷，即完全平行的试卷，让学生分别测量。

分半测试，就是在一份试卷中，相同的难度、分量和考察目标的试题都设两个，并分别标上号码，比如一部分标上奇数号码，一部分标上偶数号码，测试之后将试卷分成完全相同的两部分评定成绩并统计数据。

上述三种测量得到的信度一般分别叫作重测信度、等值信度和分半信度(内部一致性系数)。这三种计算信度的方法,前两种较为麻烦,所以不常用,比较常用的是计算分半信度,主要原因是可以一次性测量完成,便于实施。

分半信度的计算方法并不难,但是怎样将测量内容分成相等的两半是比较困难的。"分半"的方法有很多种,可以按题目的难度、内容以及题号的奇偶等来进行分半。所以,一次测量可能会有多个分半信度值。计算分半信度的前提是将试卷分成相等的两半,如果试卷不能分成对等的两半,则不适宜使用分半信度。

分半信度的计算,如上所述,计算相关数据即可。但是为了防止误差过大,在这个过程中要求两组试题在平均数、标准差、分布形态等方面都要近似相等才可以。所以,在计算出相关系数 r 之后往往需要用斯皮尔曼—布朗公式来矫正,即:

$$r_1=\frac{2r}{1+r}$$

式中,r_1 为整个测量的信度系数;r 为两个"半测验"上得分的相关系数。

例 1 一个测验向 15 名被试者施测,被试者在奇偶分半测验上的得分如表 3-2 所示,计算该测验的分半信度系数。[①]

表 3-2 15 名被试者在奇偶分半测验上的得分

被试者	01	02	03	04	05	06	07	08	09	10	11	12	13	14	15
奇数题(X)	20	18	23	21	17	18	20	17	16	13	14	13	12	8	8
偶数题(Y)	20	22	19	22	18	15	14	17	15	16	14	12	10	7	6

① 参见黄光扬:《教育统计与测量评价综合教程》,华东师范大学出版社 2006 年版,第 75 页。

解　计算两个“半测验”得分的积差相关系数为 0.86，代入斯皮尔曼—布朗公式得：

$$r_1=2r/(1+r)=(2\times0.86)/(1+0.86)=0.92$$

所以该测验的分半信度系数为 0.92。

但是，“斯皮尔曼—布朗”公式有个基本假设，那就是两半测验的变异数必须相等(即方差齐性)，若违反这个假设，就会导致高估测验的信度。当资料不能满足这一假设时，我们应该从下述两个等价的公式中选择。

(1)弗朗那根(Flanagan)公式

弗朗那根(Flanagan)公式即：$r=2[1-(Sa^2+Sb^2)/Sx^2]$。式中，Sa^2 和 Sb^2 分别表示所有被试者在两半测验上得分的方差；Sx^2 表示所有被试者在整个测验上的总得分的方差。

(2)卢仑(Rulon)公式

卢仑(Rulon)公式即：$r=1-Sd^2/Sx^2$。式中，Sd^2 表示同一组被试者在两半测验上得分之差的方差；其他符号与弗朗那根公式含义相同。

2. 库德尔—理查森公式法(Kuder-Richardson reliability)

由于分半信度不好掌握，操作较难，误差也比较大，于是统计学家库德尔·理查森在 1937 年又提出了几个公式，常用的有以下两种：

(1)KR_{20}公式

$$r=\frac{n}{n-1}\cdot\frac{S^2-\sum_{i=1}^{n}p_iq_i}{S^2}$$

式中，n 为题目总数，S^2 为所有测量对象测量总分的方差；p_i 为第 i 个题的难度指数，即是正确反应人数占总人数的百分数；$q_i=1-p_i$，是各题错误反应人数占总人数的百分数。这个公式通常称为“KR_{20}公式”。

例 2 10 名被试者在一个测验上的得分情况如表 3-3 所示(答对得 1 分,答错得 0 分),试估计被试者反应的一致性程度。①

表 3-3　　10 名被试在某测验上的得分情况

被试＼得分＼题目	1	2	3	4	5	6	总分
01	1	0	0	0	0	0	1
02	1	0	0	1	0	0	2
03	0	0	0	0	1	1	2
04	1	1	1	0	0	0	3
05	0	1	0	0	1	1	3
06	1	1	1	0	0	0	3
07	1	1	1	1	0	0	4
08	1	1	1	1	0	0	4
09	1	1	0	1	1	1	5
10	1	1	1	1	1	1	6
p	0.8	0.7	0.5	0.5	0.4	0.4	
q	0.2	0.3	0.5	0.5	0.6	0.6	
pq	0.16	0.21	0.25	0.25	0.24	0.24	$\sum pq=1.35$

① 参见黄光扬:《教育统计与测量评价综合教程》,华东师范大学出版社 2006 年版,第 76 页。

解 将 $n=6$，$\sum p_iq_i=1.35$，$S^2=2.01$ 代入 KR_{20} 公式得：

$$KR_{20}=\frac{6}{6-1}(1-\frac{1.35}{2.01})=0.39$$

(2)KR_{21}公式：

$$r=\frac{n}{n-1}\cdot[1-\frac{\overline{x}-(n-\overline{x})}{nS^2}]$$

式中，$\overline{x}$ 为每个测试对象总分的平均数，S^2 是每个对象总分的方差，n 为题目总数。仍然采用表 3-3 的数据资料，求得 $\overline{x}=3.3$，代入公式 KR_{21} 得：

$$KR_{21}=\frac{6}{6-1}\times[1-\frac{3.3\times(6-3.3)}{6\times2.01}]=0.31$$

当一份试卷的所有题目难度一样，或者平均难度在 0.50 左右时，根据这两个公式所测得的信度值是一样的。但是，如果试卷的所有题目难度值差别太大的话，通过这两个公式计算的信度值也会极不相同，一般情况下 KR_{20} 公式所估计的信度值会比 KR_{21} 所估计的信度值要小。

3. 克伦巴赫(Cronbach)公式法

克伦巴赫公式法与 KR_{20} 公式相似，适用于测验题目较多，并且不都是二分记分题的情况。其计算公式为：

$$r=\frac{n}{n-1}\cdot\frac{S^2-\sum_{i=1}^{n}p_iq_i}{S^2}$$

式中，n 为题目总数，S^2 为所有测量对象测量总分的方差，S_i^2 为所有测试对象第 i 个题得分的方差。

这个公式也称为 Cronbach 系数 α，适合于任何测量试卷，应用也最广泛。

例 3 用一个包含 6 个论文式试题的测验，对 5 个被试者进行实测，其结果如表 3-4 所示，试求该测验的信度。[①]

解 ①求所有被试者在第 i 题上得分的方差 Si^2，如表 3-4 所示。

②求所有被试者在各题上得分方差之和 $\sum Si^2$：

$$\sum Si^2 = 3.76 + 0.4 + 1.36 + 1.84 + 1.81 + 2.00 = 11.20$$

③求所有被试者各自总分的方差 S^2：

$$S^2 = 19.44$$

④代入克伦巴赫公式计算信度系数：

$$\alpha = \frac{6}{6-1} \times \left(1 - \frac{11.20}{19.44}\right) = 0.51$$

表 3-4　　　　测验信度计算表

学生 得分 / 题号	A	B	C	D	E	Si^2
1	3	6	1	6	5	3.76
2	4	3	3	2	3	0.4
3	3	4	1	2	1	1.36
4	2	5	2	1	2	1.84
5	1	4	4	5	4	1.84
6	4	6	5	3	2	2.00
总分	17	28	16	19	17	19.44

① 参见黄光扬：《教育统计与测量评价综合教程》，华东师范大学出版社 2006 年版，第 77 页。

（四）试卷信度的提高

1. 试卷信度一般值

测量试卷的信度值没有固定标准，通常越高越好，一般情况下，教学测量的试卷信度值要在 0.9 以上。

2. 测量误差的来源

一般情况下，如果信度不高，往往就是测量试卷存在误差，而误差通常来源于以下几个方面：

（1）测量题目本身引起的误差

测量题目本身是可以引起误差的。比如正误题，如果学生一个也不会做，但也有猜对一半的概率。另外，测量题目使用的语言文字、格式等也会引起误差。

（2）测量实施引起的误差

测量过程是否受到干扰、时间安排是否合理等都可以引起误差。

（3）被试者引起的误差

学生测试时是否身体感觉不舒服、学生能否积极配合测试等等也都会引起误差。

3. 提高信度的主要途径

无论如何，试卷的信度应当保持在较高的水平。如果存在误差，就必须采取一些应对措施提高试卷的信度值，主要方法有：

（1）适当增加测量题目数量。

（2）测量题目的难度适中。

（3）测量题目内容尽量保持同质，也就是一样的内容。

（4）测量程序统一规范。

（5）测量时间要尽量充分，让学生轻松答题，得出真实结果。

（6）评分尽量客观，减少评分误差。

（7）注意调整学生的情绪。

二、教学测量与评价的效度

(一)效度的定义

"效度"是1957年心理学家坎贝尔提出的一个概念。效度(Validity)即有效性,它是指测量工具或手段能够准确测出所需测量的对象的程度。如果量表能测量出要测量的特性,则说明量表有效度,否则就没有效度。比如用一份英语试卷来测量学生的数学能力,尽管也能得出不同的分数,但这些分数并不能代表学生的数学能力,所以这样的量表就是无效的。因此,效度是体现一次测量质量的非常重要的一个方面,如果测量工具效度太低甚至没有效度,那么它就失去了存在的价值。

(二)效度的类型

美国心理学会将测量的效度分为了三种类型:内容效度、效标(准则)效度和结构效度。具体表述如下:

1. 内容效度

内容效度又称"逻辑效度",它是指测量题目对测量内容的适用性。它反映的是测试题目是不是适合要测量的内容,测验中的题目所引出的行为是不是所要测量的属性的明确反映,测验的结果是不是具有代表性。

内容效度多用于学科成绩测量,因为学科成绩测量主要是测量学生对学科内容的掌握情况。它是各种效度的基础,因为无论什么样的测量,在编制试卷时,首先考虑的问题是测验所覆盖的范围、反映的知识内容等。

2. 效标效度

已有的高效的测量题目和试卷叫作效标,顾名思义即是效度标准,它指的是可以直接独立测量的我们所感兴趣的行为。常用的效标主要有学业成就、实际工作表现、特殊训练成绩等级评定、先前有效测验等。

效标效度又称“准则效度”“预测效度”和“实证效度”，它是指测量题目在测量过程中与具有高效度的已有的题目之间的一致性，主要反映的是新题目与旧题目之间的关系。

3. 结构效度

结构效度又称“构想效度”，指的是测量结果体现出来的某种结构与要测的内容之间的对应程度。它反映的是测量试题的结构与测量对象的真实情况在结构上的一致性，其目的在于从从理论上探究所建构的假设属性或理论概念能否成立。比如一个测试教师的数学教学水平的试卷，教学基本功占 40 分，教学效果占 10 分，教学方法占 10 分，教学过程占 20 分，多媒体技术使用能力占 20 分。这种试卷结构是不是符合教师教学水平的结构呢？倒也不见得，一个教师的教学水平肯定能反映在上述几个方面，但是不是就这么多，是不是就是上述分布结构呢，这也不一定。

结构效度就是反映真实内容和试卷结构一致性的一个指标。如果一致性比较高就说结构效度比较高，反之就说明比较低。

（三）效度评判和计算

1. 内容效度的评判和计算

内容效度的评判和计算方法有很多，常用的有以下几种：

（1）专家评判法

这种方法即是在测量试卷编制完成后，请相关专家来审查评判，看题目与要测量的内容之间是不是有一致性，也就是看题目能不能测量出真实的内容。如果能，就看所测量的内容与要测量的内容之间一致性的程度有多大。

由于这种估计效度的方法，是一个逻辑分析的过程，这种方法又叫作逻辑分析法，而内容效度有时又称“逻辑效度”。

为了使内容效度的确定过程更为客观，弥补不同专家对同一测量的判断可能不一致的弊端，需要注意以下几个问题：

①定义好测量内容的总体范围。

②清楚地描述出有关的知识与技能及所用的材料来源。

③编制双向细目表，确定内容和技能各自所占的比例，由测验编制者确定各题所测的是何种内容并说明设想。

④制定出明确的打分方法。

如果专家人数众多，最后的多个分数可以求平均数。同时，也可以利用如下公式来计算：

$$v=\frac{Ne-\frac{n}{2}}{\frac{n}{2}}$$

式中，Ne 是判定某测试题（或试卷）具有代表性的人数，n 是总人数。

（2）统计分析法

统计分析法也是确定试卷内容信度的一种常用的方法，即是计算两列数据的相似性，以此来确定内容效度。两列数据可以是两个评分者给出的评定分数，也可以是每个题的得分与总分所组成的两列数据，两列数据的相似性越高，则证明测量的内容效度越高。

（3）经验推测法

经验推测法是通过实践来检验效度，不一样的考生团体在同一份试卷上的得分是不一样的。一般来说，如果高年龄团体比低年龄团体得分高，通过率也要高，这样就说明试卷具有内容效度。

2. 效标效度的计算

计算效标效度的方法最常用的主要有以下两种：

（1）相关分析

相关分析就是计算测量的分数与效标测量的相关系数，涉及的方法主要有：等级相关、积差相关、二列相关、四分相关、列联相关、点双列相关等。但在使用过程中，应该选择哪种方法，则要依据测量的分数与效标测量数据资料的形式来定。

(2)显著差异分析

显著差异分析是指根据效标测量把被试者分成两个极端组(比如优异的与劣质的、好的与坏的等等),然后再通过检验看看这两组分数是否具有明显的差异性,如果这两组被试者的分数有明显的差异,就说明这次测量有较高的效度。

3. 结构效度的计算

结构效度分析最常用的方法就是因子分析法,很多学者也认为这是最理想的方法。因子分析法即是从量表全部变量(题项)中提取一些公因子,然后再深入分析这些因子的方法。这些公因子代表了量表的基本结构,各公因子分别与某一群特定变量高度关联。之所以这样分析,是因为通过因子分析可以考察问卷能否测量出研究者设计问卷时假设的某种结构。

在因子分析的结果中,用于评价结构效度的主要指标有累积贡献率、共同度和因子负荷。累积贡献率反映公因子对量表或问卷的累积有效程度,共同度反映由公因子解释原变量的有效程度,因子负荷反映原变量与某个公因子的相关程度。最后,如果这些公因子符合事先提出的假设,那么这就为验证结构效度提供了最佳证据。

但是近年来,由于信息技术的飞速发展,结构效度的计算开始趋向于使用新的统计方法——线性结构关系模式,来取代因子分析法。这种方法被称作验证性因素分析,它比因子分析更加科学、实用。

(四)试卷效度的提高

由上可知,影响一个测量试卷效度的因素主要是试卷的测量题目和试卷的结构,准确来说,试卷效度是判断测量题目和试卷的结构能否代表要测量的真实内容及其结构。因此,要想提高试卷的效度,应注意以下几个方面:

1. 深入分析测量内容和相关理论

2. 进一步明确要测量的内容及其结构

3. 严格按照分析设计、安排题目及试卷

在测量过程中，切忌不按分析来设计试卷的做法，这是当前最为常见的一种不科学的设计试卷的行为——乱用试题和试卷来考察学生的能力和水平。

4. 题目和试卷要科学，要易于测试理解和应答

比如要测量学生的数学能力，为了提高测试卷的效度，一定要深入分析数学能力的本质及其结构，准确而全面地找出其考察指标，根据学生学习过的知识合理地设计相关问题；然后依据数学能力的结构合理地设计试卷的构成（如每个指标用几个题目、如何编排比较好等）；最后还要细心叙述问题，以便于学生理解和作答。

需要注意的是，信度和效度的含义不同，一个试卷有高效度就一定有高信度，如果有高信度则不一定有高效度。高信度是高效度的必要条件，高效度是高信度的充分条件。

三、教学测量与评价的难度

一项测试除了要求计算信度和效度之外，有时还要求计算难度和区分度，特别是用于选拔人才的测量和对学习能力的测量等。

（一）难度的定义

难度是衡量测量试题和试卷难易程度的指标，它定量描述考生作答一道试题时所遭受的困难程度的量数，被称作是题目的难度系数，也叫“难度值”，用符号 P 表示。

（二）测量题目难度的计算

1. 以得分率作为难度系数

测量题目的难度系数越大，被试者得高分的可能性就越低；反过来，测量题目的难度系数越小，被试者得高分的可能性就越高。因此，我们可以用得分率来作为衡量难度系数的一个指标，其公式为：

$$P=\frac{\overline{X}}{X_{max}}$$

式中，P 代表题目的难度，$\overline{X}$ 为被试在某题目的平均得分，X_{max} 是该题目的满分。

例 4　10 名学生参加一次测量，有两个题目的得分情况如表 3-5 所示，计算这两个题目的难度系数。

表 3-5　　　　10 名被试者的得分情况

学生	A	B	C	D	E	F	G	H	I	J	平均得分	题目满分
第一题	1	1	1	0	1	0	1	0	1	0	0.6	1
第二题	3	2.5	3	1.5	2	0	1.5	1	2	0.5	1.7	3

解　①第一题的难度系数

$$P_1=\frac{\overline{X}}{X_{max}}=\frac{0.6}{1}=0.6$$

②第二题难度系数

$$P_2=\frac{\overline{X}}{X_{max}}=\frac{1.7}{3}=0.5667$$

2. 极端分组法计算

当测量的学生比较多时，利用上述公式比较麻烦，便可以极端分组法来计算。这种方法先分别计算高分组考生和低分组考生的得分率，然后计算二者的平均值作为测量题目的难度系数，计算公式为：

$$P=\frac{P_H+P_L}{2}$$

式中，P 代表的是难度系数，P_H、P_L 分别表示高分组和低分组被试者的得分率，即由该两组被试者在同一个题目上的得分计算出的难度系数。

用极端分组法计算难度系数的具体计算步骤为：

(1)按照测量成绩将所有学生的成绩(得分总成绩，而不是单个题目的成绩)降序排列。

(2)选出前27%(或25%)的人的成绩作为高分组;选后27%(或25%)的人的成绩作为低分组。

(3)分别计算高分组、低分组的被试者在该题目上的平均得分。

(4)分别计算高分组和低分组被试者在同一个题目上的难度系数。

(5)把 P_H 和 P_L 代入极端分组公式计算这个题目的难度系数。

(三)测试卷的难度计算

上述主要是计算单个测试题目难度系数的公式,而对于整个测试卷难度系数的计算一般使用比较平均分和总分的方法,计算公式如下:

$$P=\frac{\overline{X}}{W}$$

式中,$\overline{X}$ 为全体学生的平均分,W 为试卷总分。由这个公式算出来的 P 值越大说明试卷难度越小,P 值越小说明试卷难度越大,与人们的惯性思维不太一致,所以,有人为了把计算结果与我们的常识统一起来,提议将上述公式改成这样的形式:

$$P=1-\frac{\overline{X}}{W}$$

(四)试卷和试题难度的控制

由以上可知,试卷和试题难度系数取值范围区间为[0,1]。一份试卷是由许多题目组成的,所有题目的难度取值都应该力求恰当,而且难度分布的状态也应该要合理一些。一个比较好的测试题和测试卷的难度系数一般应控制在0.3～0.7,最好是在0.5左右,这样可以使试卷对被试者有较大的鉴别力。那么该如何控制难度系数以达到这样的结果呢?

由于影响试题和试卷难度的因素有很多,概括起来讲主要有考察的知识点、学生对知识的熟悉程度、试卷和试题的表述及其结构、学生的差异等。这样，为了控制测量试题和试卷的难度，使其达到较好的标准，应注意以下几个问题：

(1)试题和试卷涉及的知识应当是学生熟悉的知识。

(2)要根据学生的学习程度恰当地进行命题。

(3)试卷和试题的表述要清晰，结构(题量、编排等)要合理。

四、教学测量与评价的区分度

对于用于选拔人才的测量，不仅要计算难度，而且还常常要计算区分度，目的是为了找出学生之间的差别。

(一)区分度的定义

区分度是衡量试题或试卷对测量对象实际情况的区分水平的指标，反映的是测量试题的区分效力，用字母 D 来表示。在教学测量的过程中，考生的能力总是有高低之分的，如果能力强的考生在测量中总能得高分，而能力欠缺的总是得低分，那么测量试卷区分考生水平的能力就强；如果能力高的考生和能力低的考生在测量中所得的分数没有差异，那么测量试卷的区分能力就很低。因此，题目区分度是衡量测量是否合理的一个重要指标。

(二)区分度的计算

区分度的计算方法很多，各种方法也有所差别，常用的方法主要有以下几种：

1. 单个测量题的区分度计算

在计算单个测量题目的区分度的时候，一般采用的是极端分组法(将总成绩分为高分组和低分组分别计算的方法)。考生在测量分数序列中的高分组和低分组被称为是两个极端效标组。这两个极端效标组在一个测量题目上的反应差别程度可以刻画题目的区分能力。如同前面计算难度系数的极端分组法一样，用高分组和低分组在同一个题目上的得分率之差作为题目的区分度指标(高分组、低分组人数比例各占总人数的27%)，这个指标被称为鉴别度指数。其计算公式为：

$$D = P_H - P_L$$

式中，D 为区分度系数，P_H 为高分组的难度系数，P_L 为低分组的难度系数。为了计算上的方便，还可以采用以下公式：

$$D = \frac{2(\overline{X}_H - \overline{X}_L)}{K}$$

式中，$\overline{X}_H$ 为高分组学生的平均分，$\overline{X}_L$ 为低分组学生的平均分，K 为该题的满分值。

这种方法主要适用于单个试题区分度的计算，另外，由上述公式可以知道，区分度有正有负(因为高分组的学生在这个题目上的得分不一定高，低分组的学生在这个题目上的得分不一定低，所以可能是负数)，区分度系数的区间应是[－1，1]。当区分度是正数时可叫作“正区分”，当区分度为负数时就叫作“负区分”，当区分度为0时叫作“零区分”。

当测量题的区分度是正区分时，表示它是有效的，也叫作“积极区分”。通常情况下，正区分时能力高的考生在测量中得分高，能力低的考生得分低；当区分度是负区分时，表示测量题是不科学的，这个时候能力高的考生往往在测量中得低分，能力低的考生反而得高分；零区分的情况也是不好的，这个时候好坏情况分不出来，成一锅粥态势。

所以说，测量试卷的设计要尽量避免区分度为零区分和负区分的情况。

2. 试卷整体的区分度

计算测量试卷整体的区分度时，也是要首先将试卷成绩分为高分组和低分组，但这里的高分组一般是50%，低分组也是50%。然后利用下面的公式来进行计算：

$$D = \frac{\overline{X}_H - \overline{X}_L}{W}$$

式中，$\overline{X}_H$ 为高分组学生的平均分，$\overline{X}_L$ 为低分组学生的平均分，W 为试卷总分。

这是比较常用的一个计算公式。当然还有其他的计算公式，不同的公式计算出来的值是不相同的，而由这个公式计算出来的区分度值域为[1,2]。

（三）提高区分度的基本途径

测量题目的区分度一般要求是在 0.2 以上，在 0.2 以下的就要淘汰。现在一般要求是在 0.4 以上，0.4 以下的基本上不使用。这样做的原因是，区分度越大对于选拔和筛选越有利，越能看出差别，也有利于教学。另外，根据相关研究，人们发现提高区分度也可以提高信度。区分度和信度之间有着密切关系。

区分度越高越好，但做到这一点并不容易。以下是测量题目区分度的评价标准，如表 3-6 所示。

表 3-6　　测量题目区分度的评价标准

区分度	评价
0.4 以上	良好，但也有改进的空间
0.3～0.39	良好，尚需改进，可以使用
0.2～0.29	一般，需要改进，勉强可以使用
0.1～0.19	差，必须改进才能使用
小于等于 0	很差，淘汰

那么如何提高试题和试卷的区分度呢？基本途径有以下两条：

1. 使题目的难度适中，整个试卷难度也适中

根据研究发现，测量题目的难度与区分度有着密切关系，难度过大或过小都会降低区分度，难度适中的题目可使区分度增大，直至最大化。

2. 利用综合类型的题目和较为复杂的试卷结构

这样可以将水平高的学生和水平低的学生真正区别开来。这就是现在的高考试题中综合题越来越多、式样也越来越多的原因。

第四章　教学测量与评价数据的整理与分析

教学测量与评价的后期需要进行大量的数据统计及深度分析(例如相关分析、差异分析等)。大多数情况下,我们所要进行的统计分析的工作量是比较庞大的,所以当前最常用的办法就是借助计算机统计软件(比如 SPSS、SAS 或 Excel)来解决。本章节的主要内容就是针对最常用的数据分析方式和计算机统计软件做一下相关介绍。

第一节　教学测量数据的整理和分析

教学测量进行完毕之后,必定要评定成绩,给出分数。那么整个测量与评价过程至此是不是就完成了呢?并不是这样的,后面一般还要进行统计和分析,这是测量的需要也是评价的需要。比如要测量一个班级整体的学习成绩水平,对全班学生进行了考试和成绩评阅,之后还必须求出总分和平均分等,才可以测量出全班学生的水平。

一、处理教学测量数据的常用方法和技术

整理教学测量数据的常用方法主要是列表排列,即是将测量的数据按照一定的顺序排列起来制成表格,可以是降序、升序或是

按照学生的姓名和学号等来排列。列表排列数据的基本原则就是方便观察数据,便于进一步处理数据,有助于得出准确清晰的结果。至于制作一个什么样的表格,要根据具体情况来定,可以是简单的,也可以是复杂的。

另外,现代教学测量与评价常用的数据处理技术是现代化的计算技术,比如计算机技术和计算器技术等。特别是计算机技术,其相应的软件越来越方便,应用范围也越来越广,这其中包括Excel软件、SPSS软件、SAS软件和MATLAB软件等。

二、整理教学测量数据的常用方法

数据列表排列好之后,就要对数据进行整理了。根据测量和评价的不同,所要求的数据整理类型是多种多样的。对于现代教学来讲,以下几种数据整理类型是常见的:

(一)求总分数

总分数是全体分数的总和,这是经常需要用到的。简单来说,就是把所有的数据加起来。

(二)求全距

全距即是最大值和最小值之间的差距,也就是说,用最大值减去最小值所得的数值。

通过全距可以粗略估计数据分布范围和离散程度。

(三)数据分组

数据分组指根据统计研究的需要,将原始数据按照某种标准划分为不同的组别,它主要被用来观察数据的分布特征。

数据分组的主要步骤:

1. 确定组数

数据分组的主要目的是观察数据的分布情况。如果分组太多,数据分布会过于集中;分组太少,数据分布就太分散,这两种情况都不利于观察。因此,数据分组的数目要适中。一般情况下,一组数据的分组应不少于 5 组，不多于 15 组，在实际应用中，可以根据数据的多少或者数据的特征来灵活分组。

2. 确定各组的组距

组距可以根据一组数据的最大值和最小值来确定，即组距＝(最大值－最小值)/组数。

3. 根据分组整理数据

(四)求算术平均数

算术平均数就是常说的平均数，是一组数据的所有数据之和再除以数据数量的个数，它是反映一组数据集中趋势的指标。比如要知道全部同学的一般学习水平，就需要求全班学生成绩的算术平均数。

(五)加权算术平均数

加权平均数就是对每一部分加上一个权数，然后求得的平均数，即将各数值乘以相应的单位数，然后将求和得到总体值再除以相应的单位数的和。

加权平均数也是经常用到的，为的是让求得的平均数更准确。比如两个班级期末考试成绩平均数分别为 85.4 分和 87.9 分，两个班的人数分别是 46 分和 52 分，求这两个班整体的平均分。这个时候就不能简单地求和、求平均值，若要得出准确值必须用加权算术平均值的办法。即是如下算法：

$$\overline{X}=(56\times85.4+42\times87.9)\div(56+42)\approx86.47$$

(六)中位数(中数)

所谓中位数就是将所有数据从小到大依次排列后取得的中间数据，常用 M_d 来表示。

如果一组数据的个数为单数，则处于中间位置的数据即是中位数；如果一组数据的个数为偶数，则中间位置两个数据的平均数即为中位数。

（七）众数

众数是测量结果中数量最多的那个数据，众数不一定等于中数。

众数的计算方法：

1. 众数的计算需要在列表之后逐个统计频数，然后从数列中找出出现频数最多或频率最大的一组数值，以得到众数，这是最为精确的计算方法。

2. 如果数据量较大，计算结果不需要太精确时，则可以用皮尔逊公式来计算。

皮尔逊公式是由皮尔逊发现并归纳出来的一个公式，他经过长期观察后发现，算术平均数、中数和众数三者之间有一个基本稳定的关系，即众数距离算术平均数距离较大，中数一般在算术平均数和众数之间，靠近平均数，中数的位置大体在众数和平均数之间1/3的地方，公式为：

$$\frac{M_d-\overline{x}}{M_0-\overline{x}}=\frac{1}{3}$$

即 $M_0=3M_d-2\overline{X}$，其中 M_0 为众数，M_d 为中数，$\overline{X}$ 为平均数。

3. 根据分组情况来算众数的方法称为“金氏(king)公式法”。

皮尔逊公式一般适用于数据呈正态分布的情况，如果数据不呈正态分布，则一般使用金氏公式：

$$M_0=L_b+\frac{f_a}{f_a+f_b}\times i$$

式中，L_b 是众数组的精确下界，f_a 是众数组上一组对应的次数，f_b 是众数组下一组对应的次数，i 为组距。

比如有如下一个统计数表：

组别	频数	最低分
0～50	15	32
60～69	20	61
70～79	39	72
80～89	32	80
90～100	18	90

这显然是一个非正态分布的数据表，将数据代入金氏公式，可得到众数值：

$$M_0 = 72 + \frac{32}{32+20} \times 10 = 78.15$$

（八）倒数平均数

倒数平均数又叫“调和平均数”，顾名思义即是所有数值倒数的平均数。在教学测量中，倒数平均数也比较常用，比如为了测量学生的思维敏捷性，测试学生解决问题的速度，就常常要计算倒数平均数，因为使用一般的平均数计算，误差会比较大。

倒数平均数的计算公式：

$$M_{\mathrm{H}} = \frac{n}{\sum_{i=1}^{n} \frac{1}{X_i}}$$

式中，M_{H} 为倒数平均数，X_i 是测量结果，n 是数据个数。

倒数平均数和一般平均数有什么不同呢？我们可以通过以下例题来作一下比较。

例 1　有一个学生每小时解题 8 个，第二个学生每小时解题 6 个，第三个学生每小时解题 4 个，问这个三个学生平均每小时完成几个题？

利用一般的平均数计算可得三个学生平均每小时可完成 6 个题，可是利用倒数平均数计算可得三个学生平均每小时可完成

5.54 个题目。显然利用倒数平均数来计算,结果更加精确一些。

(九)四分位差

四分位差即是所有数据按照升序排列好之后,用 3 个点将数列均匀分为四部分,而这 3 个点的位置所对应的即为四分位数,分别记为 Q_1、Q_2 和 Q_3。四分位差就是第一个四分位数据 Q_1 和第三个四分位数据 Q_3 之间的差的一半,即:

$$Q=\frac{Q_3-Q_1}{2}$$

四分位差可以反映一组数据的离中(中数)程度,在一定程度上也能看出数据的离散程度。

那么,如何求 Q_1 和 Q_3 呢?最简单的办法是利用求中数的办法,即:先求出所有数据的中数,然后再求左右两组数据的中数,则左边的就是 Q_1,右边的就是 Q_3。需要注意的是,前面已提及中数可能不是测量数据,所以,Q_1 和 Q_3 也很有可能不是测得的数据。

例如下面一组数据:

32,33,45,56,68,78,82,84,87

其中数 $M_d=68$,左边一部分数据的中数即第一四分位数为:

$$Q_1=\frac{33+45}{2}=39$$

右边一部分数据的中数即第三四分位数为:

$$Q_3=\frac{82+84}{2}=83$$

如果测量数据已经分组求得频数,则可以利用下面两个公式来求:

$$Q_1=L_{Q_1}+\frac{\frac{n}{4}-C_{Q_1}}{f_{Q_1}}\times h\,Q_1 \qquad Q_3=L_{Q_3}+\frac{\frac{3n}{4}-C_{Q_3}}{f_{Q_3}}\times h\,Q_3$$

式中,L_{Q_i} 表示 Q_i 所在组的下限数值;n 为总人数;C_{Q_i} 表示比 L_{O_i} 小的数据个数;f_{Q_i} 表示 Q_i 所在组的数据个数;h_{Q_i} 表示数据分组的组距。

例 2　已知道 100 名学生某次考试成绩统计如下，求四分差。

成绩	58～62	62～66	66～70	70～74	74～78
人数	10	20	40	20	10

解　①利用上述公式先求第一四分位差：

$$Q_1=62+\frac{25-10}{20}\times 4=65$$

②再求第三四分位差：

$$Q_3=70+\frac{75-70}{20}\times 4=71$$

所以此时四分差为 3。

（十）平均差

平均差是描述一组数据的中间离散状态的差异量，指的是各个数据同平均数的离差绝对值的算术平均数，其公式为：

$$AD=\frac{\sum |X_i-\overline{X}|}{n}$$

式中，X_i 为测量数据，$\overline{X}$ 为算数平均数，n 为数据的个数。AD 值越大则离散程度越大。

（十一）方差和标准差

平均差是较好地描述离散度的一个指标，但计算过程中常常要求绝对值，在数据太大的情况下，计算不是很方便，所以有学者提出了方差和标准差的概念。方差是各个数据与算数平均数的离差平方和的平均数，在相同容量的情况下，方差越大说明数据的波动越大，越不稳定。

方差的计算公式为：

$$s^2(\sigma^2)=\frac{\sum (X_i-\overline{X})^2}{n}=\frac{\sum X_i^2}{n}-\left(\frac{\sum X_i}{n}\right)$$

标准差是方差的开方值(方差有时候太大,所以有人就提出开方处理),常用 $s(\sigma)$ 来表示。标准差和方差是当前用得最多的求离散程度的数据。

(十二)变异系数

变异系数是指一组数据的标准差与这组数据平均值比的 100 倍,它的计算公式如下:

$$CV=\frac{s}{\overline{X}}\times 100$$

与方差和标准差相似,由这个公式算出来的结果反映的是这组数据的离散程度,数据越大,则离散程度也越大。这个数据可以用于不同数据之间的离散程度的比较,但由于单位的不同,方差和标准差则没有这一项功能。比如,一个班级里面男生的平均身高是 170 厘米,标准差是 0.067 米,平均体重是 52 千克,标准差是 6 千克。问这个班男生的身高和体重数值哪个离散程度大些?这个题目需要用变异系数来作比较,不能用标准差和方差来计算。

(十三)标准分

标准分是一种从原始数据转化来的,方便在不同的教学测量之间进行比较的分数,它主要被用来说明原始数据在一组数据中的相对位置。不同的教学测量往往有不同的分数,这些分数叫作原始分数,这些原始分数常常不具有可比性(主要是排名的可比性),比如山东的高考分与北京的高考分,因为使用的试卷不同,所以不可以作比较。标准分就是用来解决这种问题的一种数据指标。标准分又称“Z 分数”,其计算公式是:

$$Z=\frac{X-\overline{X}}{s}$$

式中,X 为原始分数,是原始分的平均分数;s 为原始分的标准差。由这个公式得到的数据区间[-4,4],范围比较小,不容易分辨成绩之间的差别,所以在使用的时候常常用其变形公式 T 分数。计算公式为：

$$T=10Z+50$$

这个公式将区间扩大到了[10,90]，公式中取50为平均分；10为标准差。

我国普通高校全国招生统一考试也是按照以上方式进行转换的，即：

$$T=100Z+500$$

T 分数类似于CEEB分数，CEEB分数美国大学入学考试委员会(College Entrance Examination Board)采用的标准化分数。计算公式是：CEEB分数$=100Z+500$，这个公式将 Z 分数扩大到了100～900这个区间。

(十四)多测验综合$\overline{Z}$分数

多个测验 $\overline{Z}$ 分数有时候需要综合考虑之后合并成一个综合的标准分。比如高考招生，就需要使用多个学科标准分的总和标准分。这个时候使用的方法是多测验标准分加权平均标准化法。计算公式是：

$$\overline{Z}=\frac{\sum W_i Z_i}{\sqrt{\sum\sum r_{ij} W_i W_j}}$$

式中，W_i 为第 i 项测验的权重，Z_i 为第 i 项测验的标准分，r_{ij} 是不同的两个测验之间的相关系数。(注意：这个公式的值域是[-5，5])

因此，高考算总成绩使用的公式是这个公式的变形公式：

$$\overline{T}=70\times\overline{Z}+350$$

这样，就将总成绩设定到了[0,700]之间。

(十五)加权综合分

求多个测验总和成绩的一般算法非常复杂，因此也常常使用简单的原始分数加权计算法，就是给每个测验一个权数，然后用以下公式来计算：

$$x_c = \sum W_i X_i$$

式中，W_i 为第 i 项测验的权重，X_i 为第 i 项测验的原始分。近年来山东高考所使用的就是这样的计分方法。比如 2009 年的计分情况：语文、数学、英语各按 150 分来计算，理综 240 分，基本能力用 100 分加权 60%来算，最后总分是 740 分。

（十六）正态分布检验

正态分布检验即是检验所得到的数据是否呈正态分布或近似正态分布，比如 t 检验等。

正态分布函数表达式为：

$$Y = \frac{N}{\sqrt{2\pi\sigma^2}} e^{-\frac{1}{2}\left(\frac{X-\overline{X}}{\sigma}\right)^2}$$

式中，Y 表示概率，X 为随机变量，$\overline{X}$ 为数据平均数，σ、σ^2 分别为数据的标准差和方差，其图像如图 4-1 所示。

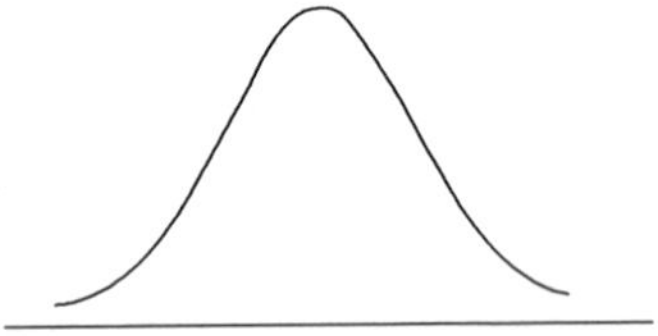

图 4-1　正态分布图像

检验数据是否呈正态分布即是检验数据是否满足或近似满足上述函数。对于大样本的数据一般会满足上述函数，不需要验证。因此，验证是否呈正态分布的情况只是对小样本的数据而言的。

验证的方法有很多。如果要求不高，则可以将数据的频数直方图（以组距为底长，以频数为高，做各组的矩形图）画出来，然后对比正态分布的图像，看它们是否大体符合，也就是看频数图像是否也是一个近似对称的钟形。如果是，则数据呈正态分布；如果不是，则数据不呈正态分布。

1. 偏态（skewness）计算

偏态计算即是偏离正态分布的计算。

偏态计算公式：

$$Z=\frac{SK}{S_{SK}}$$

其中

$$SK=\frac{P_{10}+P_{90}}{2}-P_{50}$$

为偏态值计算公式，P_{10}，P_{90}，P_{50}分别是数据的第10、90和50百分位数。

偏态标准误公式：

$$S_{SK}=\frac{0.5185}{\sqrt{n}}$$

如果由这个公式算出的结果在区间[－1.96，1.96]内，则认为数据分布呈正态分布。一般情况下，如果用偏态值公式SK计算的结果如果在[－2，2]区间之内，则一般认为数据呈正态分布，偏态不明显。

2. 峰态(kurtosis)计算

峰态计算是计算函数图像的峰头状态，看函数的图像是尖锐的还是平整的。

峰态计算公式：

$$Z=\frac{K_{u}-0.2632}{S_{K_{u}}}$$

式中，$K_{u}=\frac{Q}{P_{90}-P_{10}}$为峰态值公式，$Q$是数据的四分差；而峰态标准误公式为：

$$S_{K_{u}}=\frac{0.2778}{\sqrt{n}}$$

如果这个公式算出的结果在区间[－1.96，1.96]内，则认为数据呈正态分布。

三、相关分析

（一）相关分析的定义

相关分析即是对两部分数据之间是否相关或相关程度等进行的分析。

事物具有普遍联系的性质，任何两部分数据也都有某种关系。这种关系大体可以分为两种：一种是具有明确依赖关系、有明确函数表达式的，这种关系称为“函数关系”；另一种是不太明确的或表面上看不出什么明确依赖关系的，这种我们称为“相关关系”，例如学生的数学成绩与非智力因素的关系。

函数关系和相关关系不同，但也有一定的联系。函数关系必定有相关关系，相关关系也有可能有函数关系。

（二）相关的分类

相关的类型根据分类标准的不同可以简要分为以下几种：

1. 根据数据多少可以分为简相关和复相关。简相关即是仅有两部分数据之间的相关，复相关是多部分数据之间的相关。

2. 根据两部分数据之间的增减关系可分为正相关、负相关和零相关。

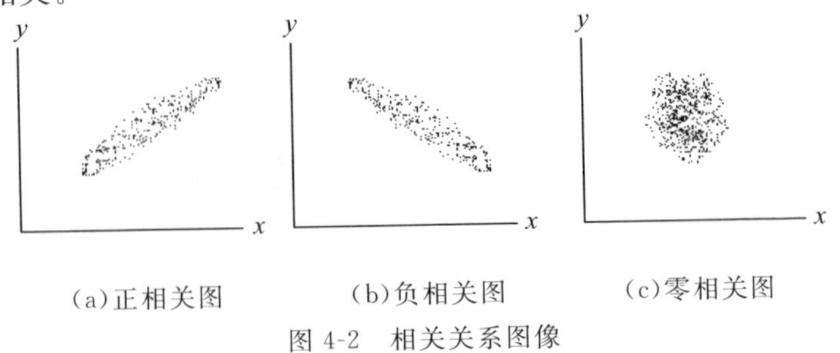

(a)正相关图　(b)负相关图　(c)零相关图

图 4-2　相关关系图像

3. 根据数据散布图（散点图），可分为直线相关和曲线相关。

图 4-2 中，a 和 b 大体呈直线，称为“直线相关”，类似图 c 样式的称为“曲线相关”。

（三）相关系数

两类数据的相关程度是以相关系数来表示的，相关系数一般用 r 表示，取值范围是[−1,1]，其值越大则表示其相关程度越高，反之则越低，等于 0 时，表示不相关；当取负数值的时候，则表示具有负相关关系。

（四）相关系数的计算

不同数据的相关系数计算方法是不一样的，下面介绍几种常见的计算方法：

1. 积差相关系数

积差相关又称“积矩相关”，是 20 世纪初期英国统计学家皮尔逊（Pearson）提出来的。

这种相关系数计算方法主要适用于满足以下性质的数据：①都是测量数据；②两部分数据呈正态分布或近似正态分布；③两部分数据等量且呈线性关系，也就是都是线性排列的，比如数学成绩和智力等。

在做积差相关计算之前，需要进行数据的正态分布检验（主要是用数学方法计算频数），或者要求样本足够大，如果不是正态分布或者近似的正态分布，则不适合计算积差相关系数。

积差相关系数相关系数计算公式：

$$r=\frac{\sum xy}{nS_{X}S_{Y}}=\frac{\sum(X-\overline{X})(Y-\overline{Y})}{n_{S_{X}}S_{Y}}$$

式中，S_X、S_Y 为两部分数据的标准差。

2. 斯皮尔曼相关系数

在教学测量和评价中搜集到的数据有时候不是等距或等比的，而是等级别或非正态的，亦或数据的个数不足 30 个，这个时候就要用到等级相关计算系数。这类相关系数主要有斯皮尔曼（Spearman）二列等级相关系数和肯德尔（Kendall）和谐系数，而最常用的还是斯皮尔曼系数。

斯皮尔曼相关系数在计算时要求数据必须是线性的和等量的，如表 4-1 所示。

表 4-1　　斯皮尔曼相关系数例表

	代数成绩	几何成绩	等级		等级差	
学生序号	X	Y	R_X	R_Y	$D=R_X-R_Y$	D^2
1	176	181	7	6	1	1
2	153	163	5	2	3	9
3	141	154	2	1	1	1
4	182	189	8	8	0	0
5	136	186	1	7	−6	36
6	194	218	9	10	−1	1
7	211	207	10	9	1	1
8	165	180	6	5	1	1
9	148	175	4	4	0	0
10	145	171	3	3	0	0
合计						50

斯皮尔曼相关系数的计算公式：

$$r = 1 - \frac{6\sum D^2}{n(n^2-1)}$$

式中，D 是两个变量每对数据的等级之差，r 为斯皮尔曼相关系数，n 为样本的容量。

3. 肯德尔和谐系数

肯德尔和谐系数是计算多个变量之间是否相关的一个相关量。肯德尔和谐系数的计算要求数据是按等级给出且都是一样多的，也就是线性的。如表 4-2（7 个评委对 6 个班级情况的等级评价）所示。

表 4-2　　　　6 个班级的等级评价

班级	评价者 $K=7$							R_i	R_i^2
$n=7$	1	2	3	4	5	6	7		
1	3	4	5	3	4	3	4	26	676
2	6	5	6	5	5	6	6	39	1521
3	5	6	4	6	6	5	5	37	1369
4	1	1	2	2	3	1	1	11	121
5	2	3	1	1	1	2	3	13	169
6	4	2	3	4	2	4	2	21	441

肯德尔和谐系数的计算公式为：

$$W=\frac{S}{\frac{1}{12}K^2(n^3-n)}=\frac{\sum\left(R_i-\frac{\sum R_i}{n}\right)^2}{\frac{1}{12}K^2(n^3-n)}$$

式中，W 是肯德尔和谐系数，K 是评价者的人数或一个评价者对同一组事物先后评价的次数；R_i 为 K 个评价者对同一个事物的评价等级之和，n 为样本总量。

W 的值越高说明这 K 个人之间的一致程度越高。类似的计算也有很多，比如多个人对一个班级的情况进行打分，这些人是不是存在一致性呢？这个时候往往就需要计算肯德尔和谐系数。

4. 点二列相关

如果两个变量中，其中一个变量的数据数是等比的或等距的，且大体呈正态分布，而另外一个变量的数据是“二分”名义的变量（即按照事物的性质划分为两类的变量），如对错、男女、合格不合格、有没有等，如表 4-3 所示，教学测量与评价中把这两列数据的相关关系称为“点二列相关”。

表 4-3　　点二列相关例表

学号	数学成绩	性别	学号	数学成绩	性别
1	97	1	9	100	1
2	68	1	10	89	0
3	97	0	11	78	1
4	75	1	12	77	1
5	92	1	13	55	0
6	89	0	14	88	0
7	93	0	15	64	0
8	74	1	16	80	1

注：表中性别栏中 1 表示男生，0 表示女生。

点二列相关系数的计算公式是：

$$r=\frac{\overline{X}_p-\overline{X}_q}{S}\cdot\sqrt{pq}$$

式中，p 为二分变量中某一类的比率，比如表 4-3 中所有的 1 有 9 个，那么 $p=\frac{9}{16}$。q 是另外一类的比率，则 $q=\frac{5}{16}$。$\overline{X}_p$ 是与二分变量中 p 类对应的连续变量的平均数，$\overline{X}_q$ 是 q 类对应的连续变量的平均数，S 是连续变量的标准差。

将以上数据代入点二列相关系数的公式计算得 $r=0.08$。

四、差异分析

（一）差异分析的定义

差异分析即是对两组变量之间是否存在明显差异的一种分

析。差异分析最简单的是总分数对比分析，但这种方法误差比较大，一般不被采用。当前，使用最多的是平均数差别检验。

（二）平均数差别检验

平均数差别检验即是利用总分数的平均数来比较分析差别的检验方法。

平均数差别检验主要有两种方法：

1. 单总体平均数差异检验，这是一种单个样本平均数与总体平均数之间差异的检验，比如一个班的学生的成绩与全体学生的成绩之间的差异检验。

2. 双总体平均数差异检验，这是两个样本平均数之间的差异检验。比如两个班学生成绩的差异检验。

（三）平均数差异检验的一般步骤

首先建立假设；然后确定样本（是否呈正态分布或近似正态）分布；第三步用公式计算，确定显著水平；最后作出判断。

（四）单总体平均数差异检验

单总体平均数差异检验又分三种情况：

1. 总体样本呈正态分布或近似，已经知道总体方差，此时需要用 Z 检验，在计算的时候使用公式：

$$Z=\frac{\overline{X}-\mu_0}{SE_{\overline{X}}}$$

式中，$\overline{X}$ 为样本平均数，μ_0 为总体平均数，$SE_{\overline{X}}$ 为样本标准误（样本对于整体来讲在标准差方面的误差），即

$$SE_{\overline{X}}=\frac{\sigma_0}{\sqrt{n}}$$

式中 σ_0 为总体标准差，n 为样本总量。

例 3　某地区统考数学，假设该统考数学成绩服从正态分布，已知其总平均分为 50 分，标准差为 12 分。从该地区随机选择一个班作为样本，该班有 50 名学生，经计算该班平均成绩为 53 分，

试问:该班成绩与总平均成绩差异是否显著?

解 ①建立假设。由于本题是需要了解样本平均数与总平均数的差异是否显著,没有提及高于或低于总平均数的问题,故用双侧检验:$H_0:\mu=\mu_0$;$H_1:\mu\neq\mu_0$。

②计算统计量。由题意知,该题总体分布为正态,总体方差已知,故用 Z 检验。已知 $\mu_0=50$,$\sigma_0=12$,$\overline{X}=53$,$n=50$,由公式得:

$$Z=\frac{\overline{X}-\mu_0}{SE_{\overline{X}}}=\frac{53-50}{1.7}=1.76$$

$$SE_{\overline{X}}=\frac{\sigma_0}{\sqrt{n}}=\frac{12}{\sqrt{50}}=\frac{12}{7.07}=1.7$$

③查表,当 $\alpha=0.05$ 时,$Z_{\frac{\alpha}{2}}=1.96$(双侧)

④判断结果:因为 $1.76<1.96$,所以 $P>0.05$,差异不显著,接受 H_0 拒绝 H_1,故该班数学成绩与总平均成绩的差异不显著。

2. 总体样本呈正态分布,总体方差未知,此时需要用 t 检验,即是在计算的时候使用 t 检验公式:

$$t=\frac{\overline{X}-\mu_0}{SE_{\overline{X}}}$$

式中,$\overline{X}$ 为样本平均数,μ_0 为总体平均数,$SE_{\overline{X}}$ 为样本标准误,即

$$SE_{\overline{X}}=\frac{S}{\sqrt{n-1}}$$

式中,S 为样本方差。

例 4 某实验组随机选择了 40 名儿童做提高儿童智力水平的实验,实验结束后,对参加实验的儿童进行韦氏儿童智力测验,结果得到这 40 名儿童的智商平均值为 105,标准差为 12,已知韦氏儿童智力测验的平均值为 100,试问:该实验是否成功?

解 ①建立假设:$H_0:\mu\leqslant\mu_0$;$H_1:\mu>\mu_0$。

该题问实验是否成功,是看实验样本的均值是否高于一般水平,故用单侧检验。

②计算统计量。由题意知，总体智力分布情况服从正态分布，但总体方差未知，故用 t 检验。

已知 $\mu_0=100,\overline{X}=105,S=12,n=40$，由公式可得：

$$SE_{\overline{X}}=\frac{S}{\sqrt{n-1}}=\frac{12}{\sqrt{40-1}}=\frac{12}{6.24}=1.92$$

$$t=\frac{X-\mu_0}{SE_{\overline{X}}}=\frac{105-100}{1.92}=2.6$$

③查 t 值表(单侧)：当 $\alpha=0.01,df=39$ 时，$t=2.423$。

④判断结果：因为 $2.6>2.423$，所以 $P<0.01$，差异极显著。故试验后儿童智力水平明显高于一般水平，实验取得成功。

3. 总体非正态分布

总体非正态分布原则上是不能检验的。因为平均数检验的前提条件即是数据呈正态分布。但是当样本比较大，即数量大于 30 的时候，因其近似正态分布，所以仍然可以使用 Z 检验。当数量小于 30，又不呈正态分布的时候，既不能使用 Z 检验，也不能使用 t 检验，只能使用另外的无参数检验。

(五)双总体平均数差异检验

双总体平均数差异检验也分多种情况，主要有以下几种：

1. 两总体呈正态分布，且知道两总体的方差时，可以用 Z 检验，计算公式为：

$$Z=\frac{D_{\overline{X}}-\mu_{D\overline{X}}}{SE_{D\overline{X}}}$$

式中，$D_{\overline{X}}$ 为两个样本平均数差，$\mu_{D\overline{X}}$ 为总体平均数之差，$SE_{D\overline{X}}$ 两平均数之差的标准误。

这种情况又分两种：

(1)两个样本相互独立，即不存在相关关系，此时：

$$SE_{D\overline{X}}=\sqrt{\frac{\sigma_1^2}{n_1}+\frac{\sigma_2^2}{n_2}}$$

其中 n_1, n_2 是两个样本的数量。

例 5 高考之后，计算甲乙两省的数学成绩分布和标准差，得知二省的成绩都呈正态分布，且标准差分别是 12.4 分和 11.2 分。之后从甲省抽取 80 名考生计算平均分，为 84 分，从乙省抽取 100 名考生计算平均成绩为 80 分，这两省数学成绩之间是否存在明显差异？

解 ①建立假设：$H_0: \mu_1 = \mu_2$。

②将例 3 中的数据代入公式可得：

$$Z = \frac{D_{\overline{X}} - \mu_{D\overline{X}}}{SE_{D\overline{X}}} = \frac{84-80}{1.78} = 2.25$$

$$SE_{D\overline{X}} = \sqrt{\frac{\sigma_1^2}{n_1} + \frac{\sigma_2^2}{n_2}} = \sqrt{\frac{12.4^2}{80} + \frac{11.2^2}{100}} = 1.78$$

因为假设 $H_0: \mu_1 = \mu_2$，所以 $\mu_{D\overline{X}} = 0$。

③查表可得，$\alpha = 0.05$ 时，$Z = 1.96$；$\alpha = 0.01$ 时，$Z = 2.58$。

④判定得：因为 $1.96 < 2.25 < 2.58$。

所以，在 $0.01 < P < 0.05$ 时，差异显著。

(2)两个样本存在一定的相关关系时，

$$SE_{D\overline{X}} = \sqrt{\frac{\sigma_1^2 + \sigma_1^2 - 2r\sigma_1\sigma_2}{n}}$$

但是要求两样本的数量必须相等。

例 6 某地两年进行了两次数学竞赛，已知两次成绩都服从正态分布，两次成绩的标准差分别是 12 分和 14 分。某校 10 名学生先后参加了比赛，两次的平均成绩分别是 72 分和 70 分，且两次的相关系数为 0.76，这 10 名学生是否退步了？

解 要验证学生是否退步了，就需要看这两次的成绩是否有明显的差异。

①建立假设：$H_0: \mu_1 = \mu_2$。

②由于样本数量相等，并且有相关系数，则

$$SE_{D\overline{X}}=\sqrt{\frac{\sigma_1^2+\sigma_1^2-2r\sigma_1\sigma_2}{n}}=\sqrt{\frac{12^2+14^2-2\times0.76\times12\times14}{10}}=2.91$$

$$Z=\frac{D_{\overline{X}}-\mu_{D\overline{X}}}{SE_{D\overline{X}}}=\frac{72-70}{2.91}=0.69$$

③查表可得：$\alpha=0.05$ 时，$Z=1.96$。

④判断：因为 $0.69<1.96$，所以，在 $P>0.05$ 的水平上差异不显著。说明，学生并没有退步，平均数略有差异是误差所导致的。

2. 两总体呈正态分布，两总体方差未知时，需要用到 t 检验，公式为：

$$t=\frac{D_{\overline{X}}-\mu_{D\overline{X}}}{SE_{D\overline{X}}}$$

但此时的 $SE_{D\overline{X}}$ 计算公式与之前的有所不同。

（1）当两个样本容量不同的情况下：

$$SE_{D\overline{X}}=\sqrt{\frac{n_1S_1^2+n_2S_2^2}{n_1+n_2-2}\cdot\frac{n_1+n_2}{n_1n_2}}$$

式中 S_n^2 为两个不同样本的方差。

例 7　某校进行了一次数学测验，有一班共 40 人参加，其中男生 22 人，女生 18 人，测验成绩是：男生平均分为 72 分，标准差为 8 分；女生为 70 分，标准差为 7.6 分。已知本次测试总体呈正态分布，那么男女生成绩之间是否有明显差异？

解　先假设男女生二者总体方差相等。

①建立假设：$H_0:\mu_1=\mu_2$

②计算：

$$SE_{D\overline{X}}=\sqrt{\frac{n_1S_1^2+n_2S_2^2}{n_1+n_2-2}\cdot\frac{n_1+n_2}{n_1n_2}}$$

$$=\sqrt{\frac{22\times8^2+18\times7.6^2}{22+18-2}\cdot\frac{22+18}{22\times18}}=2.55$$

$$t=\frac{D_{\overline{X}}-\mu_{D\overline{X}}}{SE_{D\overline{X}}}=\frac{72-70}{2.55}=0.78$$

③查 t 值表(双侧)可得:$\alpha=0.05$,$df=n_1+n_2-2=38$ 时,$t=2.021$。

④判断:因为 $0.78<2.021$,所以在 $P>0.05$ 的水平上差异不显著。

注意:这里假设的是男女二类总体方差相等的情况,如果二者不相等,则需要利用其他的公式来计算。

(2)当两个样本容量相等时,继续利用上述公式来计算,由于 $n_1=n_2$,此时,上述公式就大大简化:

$$A: SE_{D\overline{X}}=\sqrt{\frac{n_1S_1^2+n_2S_2^2}{n_1+n_2-2}\cdot\frac{n_1+n_2}{n_1n_2}}=\sqrt{\frac{S_1^2+S_2^2}{n-1}}$$

$$B: SE_{D\overline{X}}=\sqrt{\frac{n_1S_1^2+n_2S_2^2}{n_1+n_2-2}\cdot\frac{n_1+n_2}{n_1n_2}}=\sqrt{\frac{S_1^2+S_2^2-2rS_1S_2}{n-1}}$$

当两个样本容量不存在相关时,需要用到 A 公式;当两个样本的数据存在相关时,需要用到 B 公式。

例 8 某地区进行了一次数学考试,考试成绩总体呈正态分布。从该地区选取两个学校各取 20 名学生,算其平均成绩,分别为 82 分和 77 分,标准差分别为 7.2 分和 7.5 分。这两个学校在本次考试中成绩是否存在明显差异?

解 两个学校本次考试的成绩存在差异是肯定的,但是否明显需要看二者的成绩计算结果:

①建立假设:$H_0: \mu_1=\mu_2$

②计算:因为两个样本相互独立,则需要用到 A 公式。

$$SE_{D\overline{X}}=\sqrt{\frac{S_1^2+S_2^2}{n-1}}=\sqrt{\frac{7.2^2+7.5^2}{20-1}}=2.38$$

$$t=\frac{D_{\overline{X}}-\mu_{D\overline{X}}}{SE_{D\overline{X}}}=\frac{82-77}{2.38}=2.1$$

③查 t 表(双侧):$\alpha=0.05$,$df=n-1=20-1=19$ 时,$t=2.093$,$\alpha=0.01$,$df=n-1=20-1=19$ 时,$t=2.861$。

④判断：因为 2.093＜2.1＜2.861，所以，当在 0.01＜P＜0.05 时，差异显著。

例 9　某学校进行一次针对数学能力的教学改革。实验前找了两个班的部分学生，分成了两组，一组是实验组，一组是对照组，均为 20 人。实验结束后，对两组分别进行数学能力测试，实验组平均分为 106 分，标准差为 16 分，对照组是 104 分，标准差为 15 分，两组测试者的相关系数为 0.75。该实验对学生数学能力提高是否有显著影响？

解　看两组学生是否有显著差异，步骤如下：

①建立假设：$H_0: \mu_1=\mu_2$

②计算：因为两个样本相关，则需要用 B 公式。

$$SE_{D\overline{X}}=\sqrt{\frac{S_1^2+S_2^2}{n-1}}=\sqrt{\frac{16^2+15^2-2\times 0.75\times 16\times 15}{20-1}}=2.52$$

$$t=\frac{D_{\overline{X}}-\mu_{D\overline{X}}}{SE_{D\overline{X}}}=\frac{106-104}{2.52}=0.79$$

③差 t 表（单侧）：$\alpha=0.05$，$df=n-1=20-1=19$ 时，$t=1.729$。

④判定：因为 0.79＜1.729，所以在 $P>0.05$ 的水平上差异不显著。因此该教学实验对学生数学能力的提高没有显著影响。

第二节　教学测评数据分析的技术实现

教学测量与评价的最终环节要有大量的数据统计和分析，由于过程比较复杂，当前最常用的办法就是借助计算机统计软件如 SPSS、SAS 或 Excel 来解决。本章对如何利用 SPSS 和 Excel 来解决这些问题进行详细介绍。

一、SPSS的功能、操作过程

(一)什么是SPSS

SPSS的全称是:Statistical Program for Social Sciences,即社会科学统计程序。该软件由美国斯坦福大学的三位研究生于20世纪60年代末研发成功,具有强大的统计分析功能,是当今社会各界公认的优秀统计分析软件。该软件从出现之后经历了不断更新,至今已发展到的十多个版本。

由于SPSS软件操作简便,功能全面,输出清晰、简洁,还能直接读取excel数据,因此目前被广泛应用于教育、数学、经济学、生物学、心理学、医疗卫生、体育、农业、林业、商业、金融等各个领域。

(二)SPSS的基本功能

1. 数据编辑

利用SPSS的数据编辑器窗口,可以对打开的数据文件进行添加、删除、复制、剪切和粘贴等一般性操作,或对数据文件中的数据进行排序、转置、拆分、聚合、加权,还可以根据变量或个案对多个数据文件进行合并,或根据需要把要分析的变量集中到一个集合中,在打开文件时可以指定打开该集合,而不必打开整个数据文件。

2. 表格的生成和编辑

利用SPSS可以生成数十种风格的表格,通过编辑窗口或监视器可以编辑所要生成的表格,在SPSS的高级版本中,统计成果多被归纳为表格或图形的形式。

3. 图形的生成和编辑

利用SPSS可以生成数十种基本图形和交互式图形,其中基本图形包括条形图、线形图、面积图、圆饼图、高低图、帕雷托图、控制图、箱形图、误差条形图、散点图、直方图、曲线图、概率图、序列图和时间序列图等。交互式图形比基本图形更漂亮,并且可以有不同风格的2D、3D图形;交互式图形包括条形交互作用图、点形交互作用图、线形交互作用图、带形交互作用图、圆形交互作用图、箱形交互作用图、误差条形交互作用图、直方交互作用图和散点交互作用图等。

4. SPSS的统计功能

统计功能是SPSS的核心功能,利用SPSS,几乎可以完成所有的数理统计任务。SPSS的统计功能基本上包括以下几种:

(1)描述性分析

描述性分析是统计工作的出发点,主要包括平均数、标准差、标准误差。

(2)平均数比较

平均数比较即是差异分析,包括T检验、单因素方差分析等。

(3)方差分析

方差分析是多个因素的差异分析。

(4)相关分析

(5)回归分析

(6)聚类分析

(7)因子分析

(8)可靠性分析

可靠性分析即是信度分析。

(9)非参数检验

(10)生存分析

(三)SPSS的启动与主窗口

1. SPSS的启动

SPSS安装完毕后,系统会自动在Windows(窗口)菜单中创建快捷方式,单击Windows的“开始”按钮,在“程序”菜单的SPSS for Windows文件夹中找到SPSS 17.0 for Windows并单击鼠标,即可启动SPSS。

2. SPSS 数据编辑窗口

SPSS 主界面有两个：一个是 SPSS 数据编辑窗口，另一个是 SPSS 结果输出窗口。SPSS 的数据编辑窗口由标题栏、菜单栏、工具栏、编辑栏、变量名称栏、内容区、窗口切换标签页和状态栏组成（见图 4-3），各部分功能解释如下：

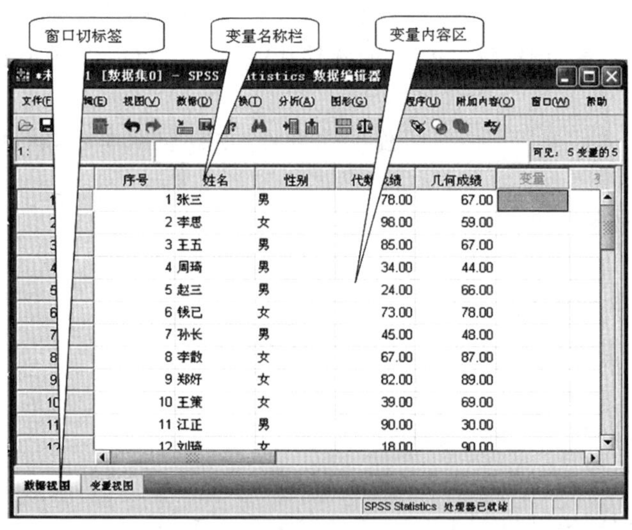

图 4-3　数据编辑窗口

（1）标题栏中显示正在编辑的数据的文件名称。

（2）菜单栏中列出了 SPSS 的命令菜单，每个菜单对应一组相应的功能。其中 File（文件）是对 SPSS 文件的操作；Edit（编辑）是 SPSS 文件的编辑菜单；View（视图）是用户界面设置菜单；Data（数据）是数据文件的建立和编辑菜单；Transform（转换）是数据基本处理菜单；Analyze（分析）是统计分析菜单，主要统计功能都集中在该菜单中；Graphs（图表）是统计图形菜单；Utilities（工具）是相关应用和设置菜单；Windows（窗口）是 SPSS 各窗口切换菜单；Help（帮助）是 SPSS 帮助菜单。

(3)工具栏中列出了一些常用的快捷按钮。

(4)编辑栏中可以输入数据。

(5)变量名称栏中列出了该编辑文件中所包含的变量名称,SPSS自动命名变量名称为var0001、var0002等。

(6)内容区列出了各个变量的取值。SPSS中每一行表示一个个案,内容区的最左边是行的标号。

数据编辑窗口下方有两个标签:Data View(数据视图)和Variable View(变量视图)。这两种视图提供了一种类似于电子表格的方法,用以产生和编辑SPSS数据文件中的变量和数据。Data View(数据视图)显示具体的数据内容,可以输入编辑数据;Variable View(变量视图)可以看到它显示的是数据文件中变量的定义,包括变量的名称、类型、宽度、小数点位数等(见图4-4)。此时可以根据需要对数据文件中的变量进行增删或修改,数据视图和变量视图可看作是数据编辑窗口的两类编辑入口。

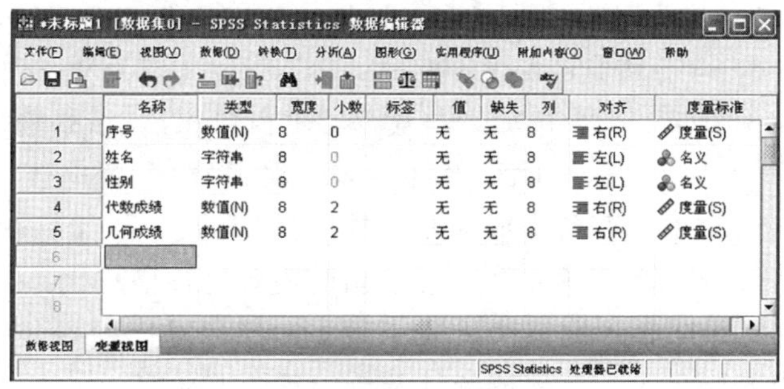

图4-4　变量视图

3. SPSS结果输出窗口

结果输出窗口是另一个十分重要的窗口,它在完成Analyze(分析)菜单中的某个统计分析过程后,就会将分析结果呈现出来(见图4-5)。只有当完成一项处理后,才会在该窗口显示处理过程和计算结果。

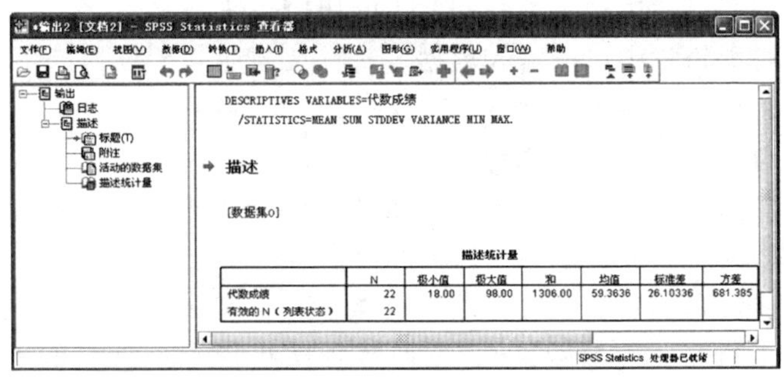

图 4-5　结果输出窗口

结果输出窗口包括标题栏、菜单栏、工具栏、索引区、内容区以及状态栏六个部分。结果输出窗口第一次出现时标题名称是 Output1. spo-SPSS Viewer，第二次出现时标题名称是 Output2. spo-SPSS Viewer，依次类推。

结果输出窗口中，菜单栏显示 File（文件）、Edit（编辑）、View（视图）、Data（数据）、Transform（转换）、Insert（插入）、Format（格式）、Analyze（分析）、Graphs（图表）、Utilities（工具）、Windows（窗口）、Help（帮助）12 个选项。与数据编辑窗口相比，结果输出窗口的主菜单增加了 Insert（插入）、Format（格式）两个菜单选项。Insert（插入）菜单主要负责插入某个输出的辅助选项，如标题、文本等；Format（格式）菜单主要是对输出的内容进行格式化。

另外，结果输出窗口中的索引区显示结果输出内容包含哪些部分，内容区显示了具体的统计分析的各个方面的结果。

4. SPSS 语法编辑窗口

在进行某项具体的统计方法操作时，可单击对话框中的 Paste（粘贴）按钮，激活语法编辑窗口。如进行 Linear Regression（线性回归）操作时，单击 Paste（粘贴）按钮，Linear Regression（线性回归）窗口会消失，并弹出一个语法编辑窗口，该窗口中的语句与线性回归窗口的各种设置相对应。语法编辑窗口的标题名称是

Syntax1-SPSS Syntax Editor(语法 1-SPSS 语法编辑),由此可利用该窗口进行 SPSS 命令的输入、编辑与运行。

(四)SPSS 的数据操作

1. SPSS 数据录入

在 SPSS 中录入数据的具体方法有两种:一是将数据直接录入;二是读入其他格式的数据文件,比如由 Excel 软件生成的 xls 文件。

2. 操作步骤

打开 SPSS 的数据编辑器,首先要定义变量的属性,然后再输入数据。在数据编辑窗口的左下端,有两个页标签:Date View(数据视图)、Variable View(变量视图)。可以通过鼠标单击方便地在两个窗口之间切换。

在录入数据之前,应该对数据的统计处理有一个基本的规划:如计算哪些变量、做何种统计、生成哪种统计图等。

二、SPSS 平台下的频数分析和描述性分析

(一)频数分析

1. 频数分析的定义

频数分析(Frequencies)是描述性统计分析中最常用的分析之一,它不仅可以产生详细的频数分析表,而且还可以按要求给出平均值、中位数、众数、全距、方差、标准差、频数、峰度、偏度、最小值、最大值、平均标准误差、四分位数、十分位数、百分位数等等。

2. 分析实现过程

例 10　某班有 22 名学生,其某次考试后的代数成绩如表 4-4 所示,求代数成绩的均值、中位数、众数、全距、方差、标准差、频数、峰度、偏度、最小值、最大值、平均标准误差。

表 4-4　　某班 22 名学生成绩

姓名	性别	代数成绩
张三	男	78
李思	女	98
王五	男	85
周琦	男	34
赵三	男	24
钱已	女	73
孙长	男	45
李散	女	67
郑好	女	82
王策	女	39
江正	男	90
刘琦	女	18
关城	女	65
曹蓓	女	33
夏天	男	42
杨光	女	67
韩正	女	50
胡涛	女	31
赵琦	男	23
李武	女	98
孙坚	男	88
黄祖	男	76

利用 SPSS 进行分析计算的过程如下：

(1)将数据输入表格。设置好变量类型及小数点数等，输入上述人名和成绩，然后单击 Analyze(分析)菜单下 Descriptive Statistics(描述统计)项中的 Frequencies(频数)命令，如图 4-6、图 4-7、图 4-8 所示。

*未标题1 [数据集0] - SPSS Statistics 数据编辑器

文件(F) 编辑(E) 视图(V) 数据(D) 转换(T) 分析(A) 图形(G) 实用程序(L) 附加内容(C) 窗口(W) 帮助

	名称	类型	宽度	小数	标签	值	缺失	列
1	序号	数值(N)	8	0		无	无	8
2	姓名	字符串	8	0		无	无	8
3	性别	字符串	8	0		无	无	8
4	代数成绩	数值(N)	8	2		无	无	8
5	几何成绩	数值(N)	8	2		无	无	8

数据视图　变量视图

OMS Status　SPSS Statistics 处理器已就绪

图 4-6

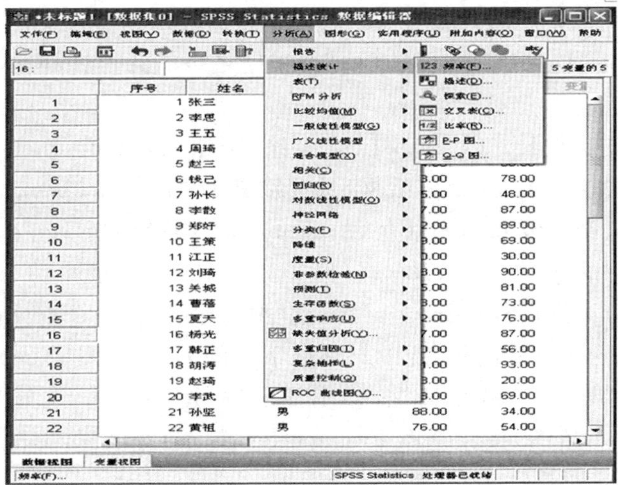

图 4-7

	序号	姓名	性别	代数成绩	几何成绩
1	1	张三	男	78.00	67.00
2	2	李思	女	98.00	59.00
3	3	王五	男	85.00	67.00
4	4	周琦	男	34.00	44.00
5	5	赵三	男	24.00	66.00
6	6	钱已	女	73.00	78.00
7	7	孙长	男	45.00	48.00
8	8	李散	女	67.00	87.00
9	9	郑好	女	82.00	89.00
10	10	王策	女	39.00	69.00
11	11	江正	男	90.00	30.00
12	12	刘琦	女	18.00	90.00
13	13	关城	女	65.00	81.00
14	14	曹蓓	女	33.00	73.00
15	15	夏天	男	42.00	76.00
16	16	杨光	女	67.00	87.00
17	17	韩正	女	50.00	56.00
18	18	胡涛	女	31.00	93.00
19	19	赵琦	男	23.00	20.00
20	20	李武	女	98.00	69.00
21	21	孙坚	男	88.00	34.00
22	22	黄祖	男	76.00	54.00

图 4-8

(2)弹出 Frequencies(频数)对话框。在对话框左侧的变量列表中选择“代数成绩”,点击“→”按钮使之添加到 Variables(变量)框中。

(3)单击下方的 Statistics(统计)按钮,弹出 Frequencies(频数)、Statistics(统计)对话框,选择要统计的项目,Mean(均值)、Median(中位数)、Mode(众数)、Sum(合计)、Std. deviation(标准差)、Variance(方差)、Range(全距)、Minimum(最小值)、Maximum(最大值)、Std. Error of Mean(平均标准误差)、Skewness(偏度)、Kurtosis(峰度)。选中对话框下方的 Display Frequency Tables(频数分布表)复选框,表示显示频数分布表。选好后单击 Continue(继续)按钮返回 Frequencies(频数)对话框,单击 OK 按钮,SPSS 即开始计算,如图 4-9 所示。

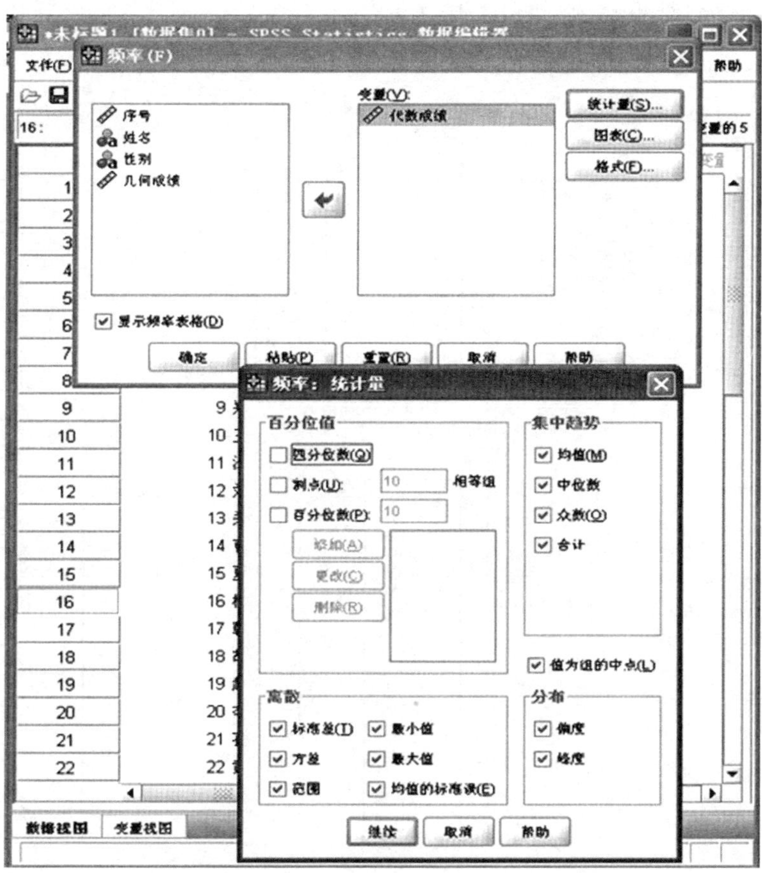

频率（F）
文件(F)
变量(V):
代数成绩
统计量(S)...
图表(C)...
格式(F)...
序号
姓名
性别
几何成绩
显示频率表格(D)
确定
粘贴(P)
重置(R)
取消
帮助
数据视图
变量视图
频率：统计量
百分位值
四分位数(Q)
割点(U):
10
相等组
百分位数(P):
10
添加(A)
更改(C)
删除(R)
集中趋势
均值(M)
中位数
众数(O)
合计
值为组的中点(L)
离散
标准差(T)
最小值
方差
最大值
范围
均值的标准误(E)
分布
偏度
峰度
继续
取消
帮助

图 4-9

(4)结果解读,如图 4-10 所示。

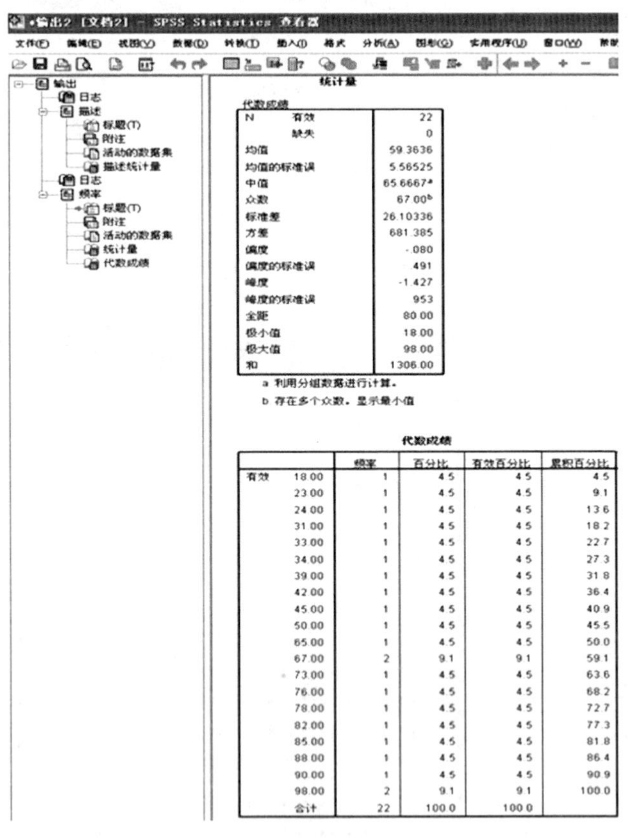

统计量

代数成绩

N	有效	22
	缺失	0
均值		59.3636
均值的标准误		5.56525
中值		65.6667[a]
众数		67.00[b]
标准差		26.10336
方差		681.385
偏度		-.080
偏度的标准误		.491
峰度		-1.427
峰度的标准误		.953
全距		80.00
极小值		18.00
极大值		98.00
和		1306.00

a 利用分组数据进行计算。

b 存在多个众数。显示最小值

代数成绩

		频率	百分比	有效百分比	累积百分比
有效	18.00	1	4.5	4.5	4.5
	23.00	1	4.5	4.5	9.1
	24.00	1	4.5	4.5	13.6
	31.00	1	4.5	4.5	18.2
	33.00	1	4.5	4.5	22.7
	34.00	1	4.5	4.5	27.3
	39.00	1	4.5	4.5	31.8
	42.00	1	4.5	4.5	36.4
	45.00	1	4.5	4.5	40.9
	50.00	1	4.5	4.5	45.5
	65.00	1	4.5	4.5	50.0
	67.00	2	9.1	9.1	59.1
	73.00	1	4.5	4.5	63.6
	76.00	1	4.5	4.5	68.2
	78.00	1	4.5	4.5	72.7
	82.00	1	4.5	4.5	77.3
	85.00	1	4.5	4.5	81.8
	88.00	1	4.5	4.5	86.4
	90.00	1	4.5	4.5	90.9
	98.00	2	9.1	9.1	100.0
	合计	22	100.0	100.0	

图 4-10

从结果中可以看出,该班 22 名学生的代数成绩 Mean(均值)为 59.3636、Std. Error of Mean(平均标准误差)为 5.56525、Median(中位数)为 65.6667、Mode(众数)为 67、Std. deviation(标准差)为 26.10336、Variance(方差)为 681.385、Skewness(偏度)为 -0.080、Std. Error of Skewness(偏度标准误差)为 0.491、Kurtosis(峰度)为 -1.427、Std. Error of Kurtosis (峰度标准误差)为

0.953、Range(全距)为 80、Minimum(最小值)为 18、Maximum(最大值)为 98、Sum(合计)为 1306。

(二)描述性分析

1. 描述性分析的定义

描述性分析即是对数据总体描述的分析,可以通过计算 Z 分数和 T 分数来完成。

2. SPSS 实现过程

描述性分析的实现非常简单。下面利用 SPSS,以表 4-4 中的"代数成绩"变量为例进行描述性分析,求它的 Z 分数,步骤如下:

(1)单击 Analyze(分析)菜单下 Descriptive Statistics(描述统计)项中的 Descriptives(描述)命令,如图 4-11 所示。

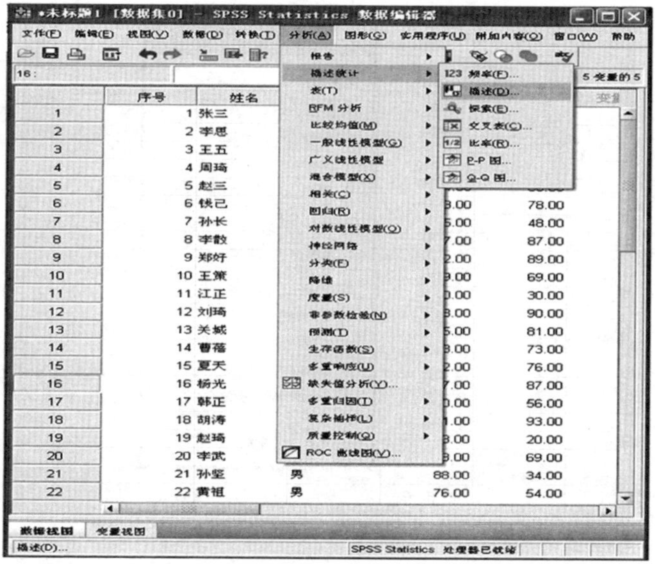

图 4-11

(2)弹出 Descriptives(描述)对话框后,在对话框左侧的变量列表中选择"代数成绩",单击"→"按钮使之添加到 Variables(变量)框中,同时选中对话框左下方的 Save standardized values as variables(把标准化后的值保存为变量)项。

(3)单击右下方的 Options(选项)按钮,出现 Descriptives(描述):Options(选项)对话框,在此选择 Mean(均值)、Std. deviation(标准差)、Variance(方差)、3 项统计量,如图 4-12 所示。

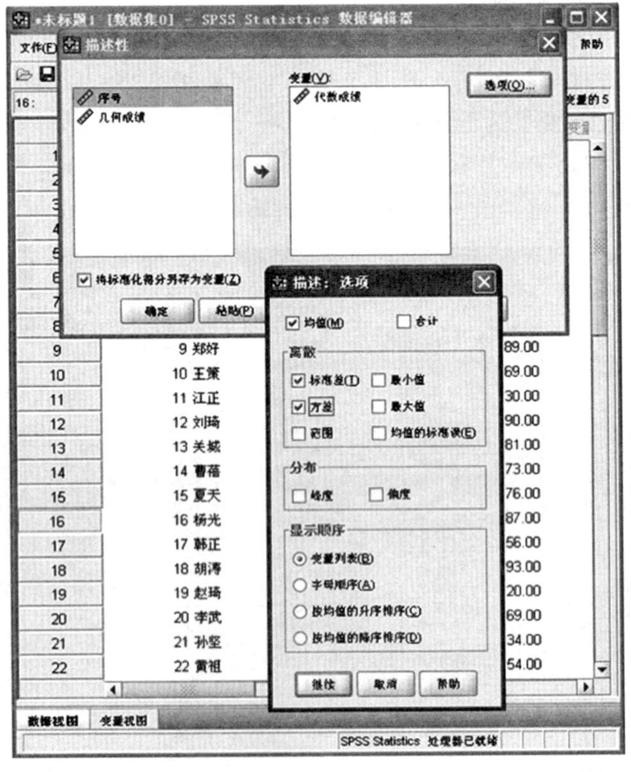

图 4-12

选好后单击 Continue(继续)按钮返回 Frequencies(频数)对话框,单击 OK 按钮,SPSS 即开始计算。计算之后会在数据表格的最右面自动增加一列数据“Z 代数成绩”。

3. 结果解读

在结果输入窗口中会出现关于代数成绩的三个统计量的计算结果，并在数据编辑窗口中有新变量“Z 代数成绩”表示代数成绩 Z 分数，如图 4-13、图 4-14 所示。

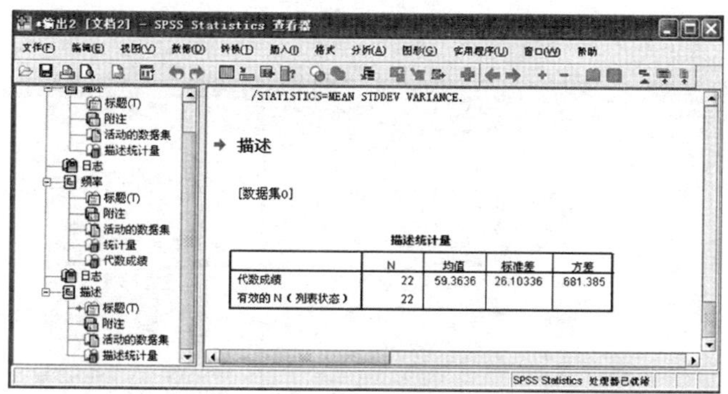

图 4-13

*未标题1 [数据集0] - SPSS Statistics 数据编辑器

1 : Z代数成绩　0.7139450746358982

	序号	姓名	性别	代数成绩	几何成绩	Z代数成绩
1	1	张三	男	78.00	67.00	0.71395
2	2	李思	女	98.00	59.00	1.48013
3	3	王五	男	85.00	67.00	0.98211
4	4	周琦	男	34.00	44.00	-0.97166
5	5	赵三	男	24.00	66.00	-1.35475
6	6	钱已	女	73.00	78.00	0.52240
7	7	孙长	男	45.00	48.00	-0.55026
8	8	李散	女	67.00	87.00	0.29254
9	9	郑好	女	82.00	89.00	0.86718
10	10	王策	女	39.00	69.00	-0.78012
11	11	江正	男	90.00	30.00	1.17366
12	12	刘琦	女	18.00	90.00	-1.58461
13	13	关城	女	65.00	81.00	0.21592
14	14	曹蓓	女	33.00	73.00	-1.00997
15	15	夏天	男	42.00	76.00	-0.66519
16	16	杨光	女	67.00	87.00	0.29254
17	17	韩正	女	50.00	56.00	-0.35871
18	18	胡涛	女	31.00	93.00	-1.08659
19	19	赵琦	男	23.00	20.00	-1.39306
20	20	李武	女	98.00	69.00	1.48013
21	21	孙坚	男	88.00	34.00	1.09704
22	22	黄祖	男	76.00	54.00	0.63733

图 4-14

4. Z 分数转换为 T 分数

由于 Z 分数有正有负，而且小数点位数较多，因此可以通过 SPSS 线性转换把它转换为 T 分数，转换步骤为：

(1)在 Transform(转换)菜单中选择 Compute(计算)，如图 4-15 所示。

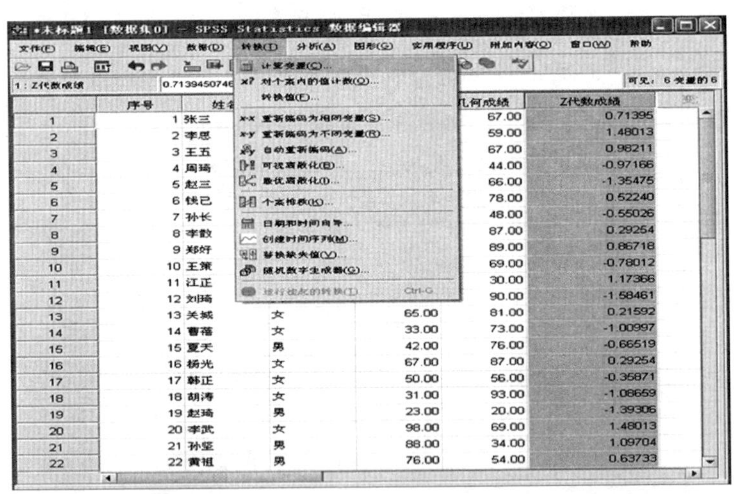

图 4-15

(2)在弹出的 Compute Variable(计算变量)对话框中，找到 Target Variable(目标变量)文本框，输入目标变量“t”，接着在 Numeric Expression(数值表达)文本框中输入“10 * Z 代数成绩+50”。单击 Type & Label(类型和标签)按钮，出现 Compute Variable：Type and Label(类型和标签)对话框。在 Type and Label (类型和标签)对话框中的 Label(标签)框中输入“T 分数”，作为变量 t 的中文注解，如图 4-16 所示。

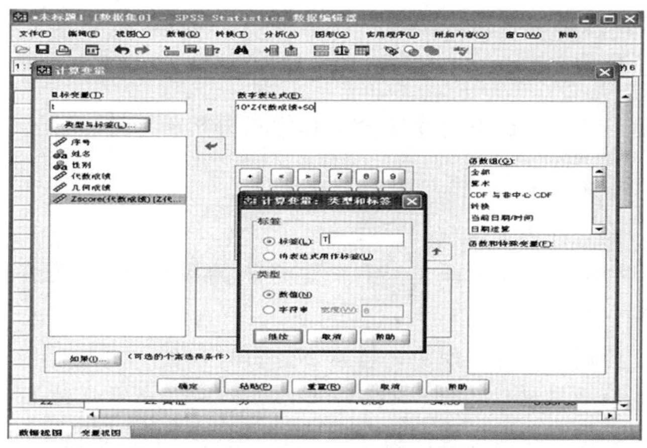

图 4-16

(3)单击 Continue(继续)按钮,返回原界面。再单击 OK 按钮,SPSS 立即算出由学生数学成绩 Z 分数进行线性转换后的 T 分数,如图 4-17 所示。

	序号	姓名	性别	代数成绩	几何成绩	Z代数成绩	t
1	1	张三	男	78.00	67.00	0.71395	57.14
2	2	李思	女	98.00	59.00	1.48013	64.80
3	3	王五	男	85.00	67.00	0.98211	59.82
4	4	周琦	男	34.00	44.00	-0.97166	40.28
5	5	赵三	男	24.00	66.00	-1.35475	36.45
6	6	钱已	女	73.00	78.00	0.52240	55.22
7	7	孙长	男	45.00	48.00	-0.55026	44.50
8	8	李数	女	67.00	87.00	0.29254	52.93
9	9	郑妤	女	82.00	89.00	0.86718	58.67
10	10	王策	女	39.00	69.00	-0.78012	42.20
11	11	江正	男	90.00	30.00	1.17366	61.74
12	12	刘琦	女	18.00	90.00	-1.58461	34.15
13	13	关斌	女	65.00	81.00	0.21592	52.16
14	14	曹蓓	女	33.00	73.00	-1.00997	39.90
15	15	夏天	男	42.00	76.00	-0.66519	43.35
16	16	杨光	女	67.00	87.00	0.29254	52.93
17	17	韩正	女	50.00	56.00	-0.35871	46.41
18	18	胡涛	女	31.00	93.00	-1.08659	39.13
19	19	赵琦	男	23.00	20.00	-1.39306	36.07
20	20	李武	女	98.00	69.00	1.48013	64.80
21	21	孙坚	男	88.00	34.00	1.09704	60.97
22	22	黄祖	男	76.00	54.00	0.63733	56.37

图 4-17

结果数据编辑窗口中新产生变量"t"来储存这些员工基本工资的 T 分数。

三、SPSS 平台下的差异分析和相关分析

(一)单一样本 t 检验

1. 单一样本 t 检验的定义

单一样本 t 检验即是只有一个样本的检验,也就是前面说的单总体差异检验。

2. 使用 SPSS 实现单一样本 t 检验的方法

例 11 某地区 10 年前进行人口普查时,16 岁女孩的平均身高为 1.59m。现在抽查测量了该地区 40 个 16 岁女孩的身高,如表 4-5 所示。分析该地区现在女孩的身高与 10 年前相比是否有显著差异。

表 4-5 某地区女孩的身高测量结果

编号	身高(m)	编号	身高(m)	编号	身高(m)	编号	身高(m)
1	1.55	11	1.56	21	1.53	31	1.65
2	1.65	12	1.62	22	1.70	32	1.63
3	1.74	13	1.55	23	1.52	33	1.53
4	1.62	14	1.69	24	1.61	34	1.57
5	1.65	15	1.65	25	1.63	35	1.56
6	1.72	16	1.67	26	1.68	36	1.73
7	1.63	17	1.64	27	1.69	37	1.69
8	1.68	18	1.57	28	1.53	38	1.64
9	1.55	19	1.52	29	1.63	39	1.60
10	1.52	20	1.57	30	1.70	40	1.69

利用 SPSS 进行分析计算的过程如下：

(1)在 Analyze(分析)菜单的 Compare Means(均值比较)项中选择 one-sample t test(单一样本 t 检验)命令，如图 4-18 所示。

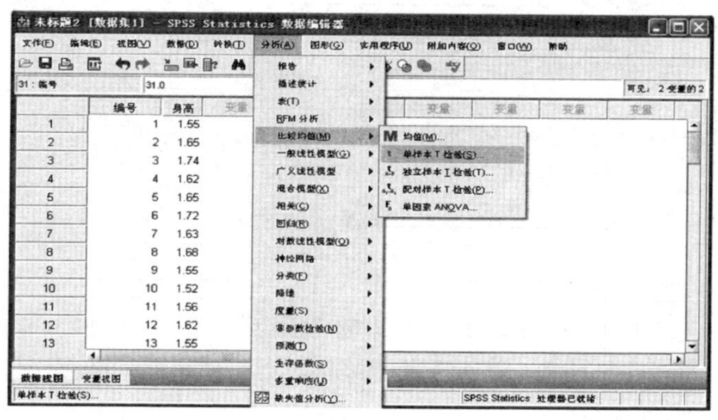

图 4-18

(2)选择菜单后，出现 One-Sample t Test(单样本 t 检验)对话框。将 10 年前人口普查时，16 岁女孩的平均身高值 1.59m 填入 Test Value(检验值)框，将要检验的变量“身高”从左边框中添加到 Test Variable(变量检验)框中。

(3)单击 Options(选项)按钮，出现 One-Sample t Test(单样本 t 检验)：Options(选项)对话框，该对话框是用来指定输出内容和设置默认值的，具体功能及含义如下：

①Confidence Interval(信赖区间)：表示差值置信区间，默认为 95%。

②Missing Values(缺失值)框中，Exclude cases analysis by analysis(排除分析中有缺失值的观测量)表示当分析计算涉及含有缺失值的变量时，去掉在该变量上的个案；Exclude cases listwise(排除因变量或自变量有缺失值的观测量)表示，去除所有含缺失值的个案后再进行分析，如图 4-19 所示。

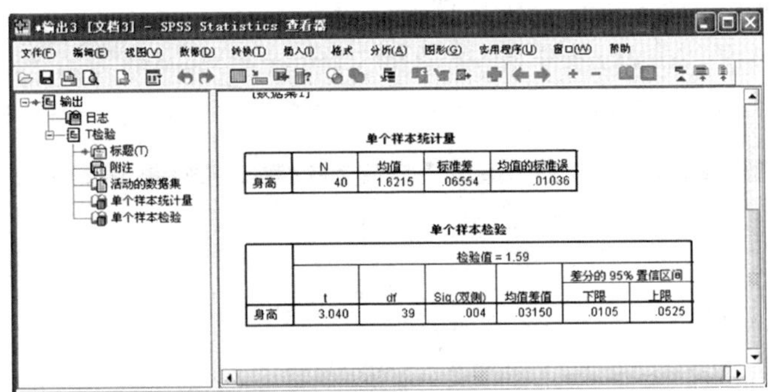

图 4-19

(4)单击 Continue(继续)按钮,返回到 One-Sample t Test(单样本 t 检验)对话框,单击 OK 按钮,SPSS 即完成所需要的计算,如图 4-20 所示。

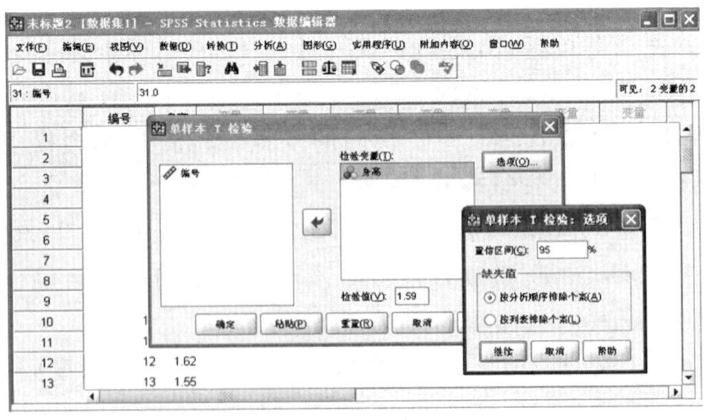

图 4-20

3. 结果解读

One-Sample t Test(单样本 t 检验)的输出比较简单,在结果输出窗口中包含描述性统计表和 t 检验表两个输出表。

(1)输出结果的第一个表为基本描述性统计量表。从表中可知，参与分析的样品数为 40，平均身高 1.6215m，标准差 0.06554，均值误差 0.01036。

(2)输出结果的第二个表为单样本 t 检验表，从表中可知，自由度 $df=39$，根据公式计算的 t 值等于 3.040，对应的临界置信水平为 0.04，95%的置信区间为(0.0105，0.0525)。计算的 t 值对应的临界置信水平远远小于设置的 0.05，因此拒绝原假设 H_0，表明该地区现在 16 岁女孩的平均身高与 10 年前相比，存在显著差异。

(二)双样本 t 检验

1. 双样本 t 检验的定义

双样本 t 检验即是两个样本的 t 检验。

2. 使用 SPSS 实现双样本 t 检验的方法

例 12　某学校开展数学教学实验，在新旧两种教学方法下，选择 10 名同学进行了成绩测验，结果如表 4-6 所示。请分析两种方法对学生成绩是否有明显影响。

表 4-6　学生成绩

姓名	性别	旧方法下学生成绩	新方法下学生成绩
张三	男	78	67
李思	女	98	59
王五	男	85	67
周琦	男	34	44
赵三	男	24	66
钱已	女	73	78
孙长	男	45	48
李散	女	67	87
郑好	女	82	89
王策	女	39	69

利用 SPSS 进行分析计算的过程如下：

(1)在 Analyze(分析)菜单下的 Compare Means(均值比较)项中选择 Independent-Samples t Test(独立样本 t 检验)命令，如图 4-21 所示。

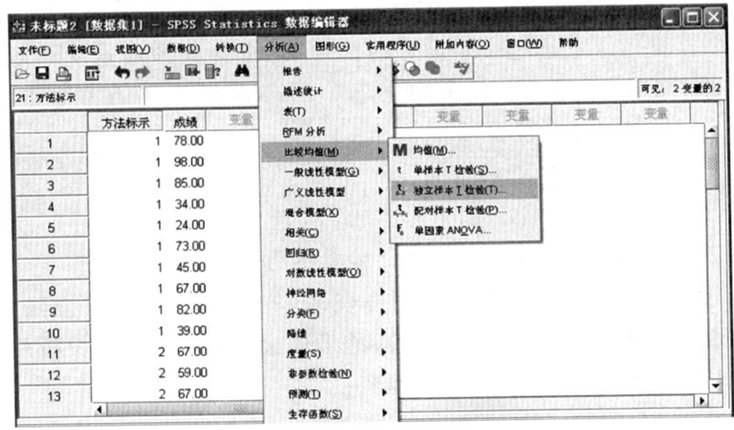

图 4-21

在弹出的 Independent-Samples t Test(独立样本 t 检验)对话框中左侧的变量列表中选择“成绩”，并添加到 Test Variables (检验变量)框中；选择“方法标示”，添加到 Grouping Variable(组变量)框中。

(2)单击 Defree Groups(定义组)按钮，在弹出的 Define Groups(定义组)对话框中指定标识变量的区分方法，选择 Use specified values(使用指定数值)选项，这表示根据标识变量的取值进行区分，然后在 Group 1(组 1)中输入 1，在 Group2(组 2)中输入 2，如图 4-22 所示。

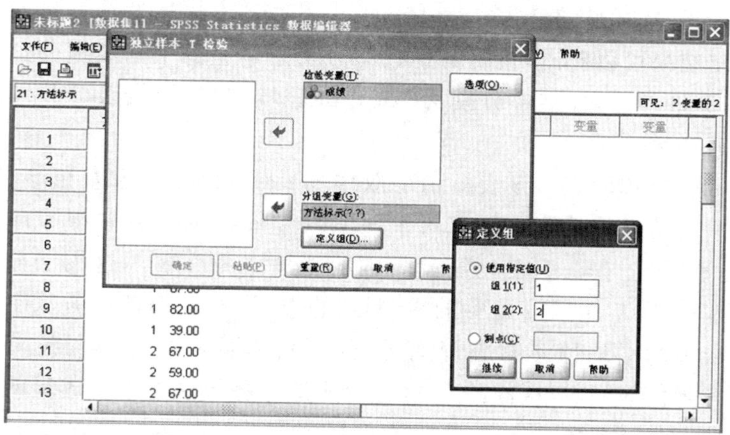

图 4-22

(3)单击 Continue(继续)按钮，返回 Independent-Samples t Test(独立样本 t 检验)对话框，单击 OK 按钮完成分析。

3. 结果解读

Independent-Samples t Test(独立样本 t 检验)的输出比较简单，在结果输出窗口中包含描述性统计表和 t 检验表两个输出结果表，如图 4-23 所示。

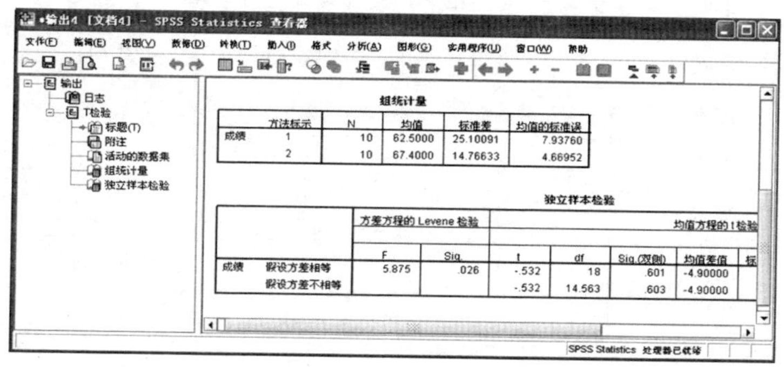

图 4-23

(1)描述性统计表。表中给出了一些基本描述性统计量。由输出结果可以看出，新旧两种教学方法下学生的平均成绩分别是62.5和67.4，标准差分别为25.1和14.76633，均值误差分别是7.9376和4.66952。

(2)t检验表。该表显示了双样本t检验结果。方差相等时t检验的结果就是第一行Equal variances assumed(方差相等)的t检验结果。在上例中，t统计量的相伴概率为0.601，这大于显著性水平0.05，接受t检验的零假设，也就是说，新旧两种方法下学生成绩的平均值不存在显著差异。另外，从两个样本均值差的95%置信区间看，区间跨0，这也说明这两种方法下学生成绩的平均值无显著差异。

(三)相关分析

1. 相关分析的定义

相关分析是对两个样本数据是否存在一定联系的分析。

2. 使用SPSS实现相关分析的过程

例13 某班一次考试之后的代数成绩和几何成绩如表4-7所示，试求二者之间的相关性。

表4-7 某班22名学生的代数成绩和几何成绩

姓名	性别	代数成绩	几何成绩
张三	男	78	67
李思	女	98	59
王五	男	85	67
周琦	男	34	44
赵三	男	24	66
钱已	女	73	78
孙长	男	45	48

续表

姓名	性别	代数成绩	几何成绩
李散	女	67	87
郑好	女	82	89
王策	女	39	69
江正	男	90	30
刘琦	女	18	90
关城	女	65	81
曹蓓	女	33	73
夏天	男	42	76
杨光	女	67	87
韩正	女	50	56
胡涛	女	31	93
赵琦	男	23	20
李武	女	98	69
孙坚	男	88	34
黄祖	男	76	54

利用 SPSS 进行分析计算的过程如下：

(1)在 SPSS 中按要求输入数据，之后在 Analyze(分析)菜单中选择 Correlate(相关分析)中的 Bivariate(两个变量相关分析)命令，弹出 Bivariate Correlations(两个变量相关)对话框，如图 4-24 所示。

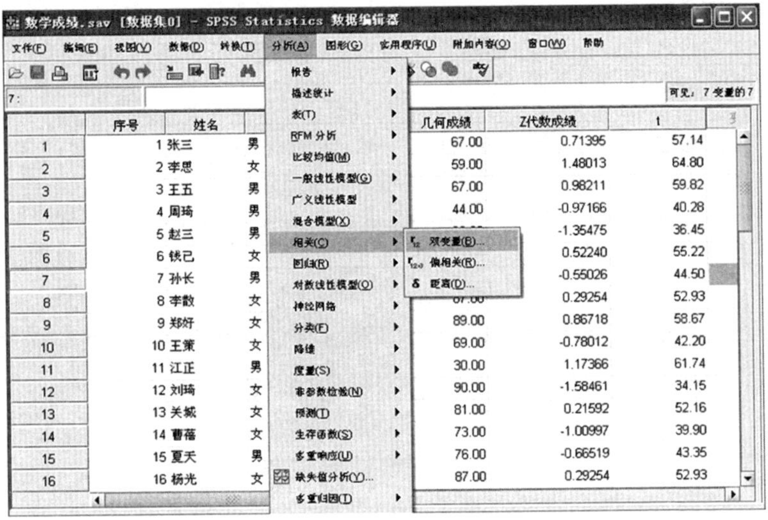

图 4-24

(2)选择进行相关分析的变量。在 Bivariate Correlations(两个变量相关)对话框左侧的变量列表中选择"数成绩"和"几何成绩",使之进入 Variables(变量)框,具体步骤及含义如下:

①设定相关系数的类型。Correlation Coefficient(相关系数)复选框组包含了 3 个复选框,对应 3 种相关系数的类型。首先为 Pearson(皮尔逊)复选框,此项为默认设置。当参与运算的变量为等距变量时,其数据可进行加减运算,即采用该设置计算相关系数。第二个为 Kendall's tau-b(肯德尔)复选框,它是等级相关系数,是一个反映分类变量一致性的指标,只能在两个变量均属于有序分类时使用。第三个是 Spearman(斯皮尔曼)复选框,这是最常用的无参数相关分析。

②确定要进行的是双尾检验还是单尾检验。在 Test of Significance(显著性检验)框中,选择单选按钮 Two-tailed(双侧)表示选择双尾检验,选择单选按钮 One-tailed(单侧)表示选择单尾

检验,SPSS 的默认设置为对相关显著性进行双尾检验,本例采用默认设置。

③是否突出显示显著相关情况。如果选择复选框 Flag significant correlations(标识显著相关),则在输出结果中将用"＊"标记有统计学意义的相关系数,例如 $P<0.05$ 的系数值旁会标记一个星号,例如 $P<0.01$ 的系数值旁则标记两个星号。SPSS 默认设置选中该项,本例采用默认设置。

(3)指定输出内容和缺失值的处理方法。单击 Bivariate Correlations(两个变量相关)对话框中的 Options(选项)按钮,弹出 Bivariate Correlations Options(两个变量相关选项)对话框,具体选项意义及步骤如下:

①Statistics(统计)复选框组用来选择要输出的统计量,其中的选项包括 Means and standard deviations(平均值和标准差)及 Cross-product deviations and covariances(产品交叉离差和协方差)复选框,选中可输出各对变量的离均差平方和以及协方差阵。

②Missing Values(缺失值)单选框组。该选项用来指定对缺失值的处理方法,可选的选项包括:Excludes cases pairwise(排除因变量和自变量均有缺失值观测量)单选钮,该选项的作用是在分析过程中遇到缺失值时将缺失值排除在数据分析之外;Excludes-caseslistwise(排除因变量或自变量有缺失值观测量)单选钮,选择此选项时,只要相关变量有缺失值,则在所有分析中都将该记录去除,如图 4-25 所示。

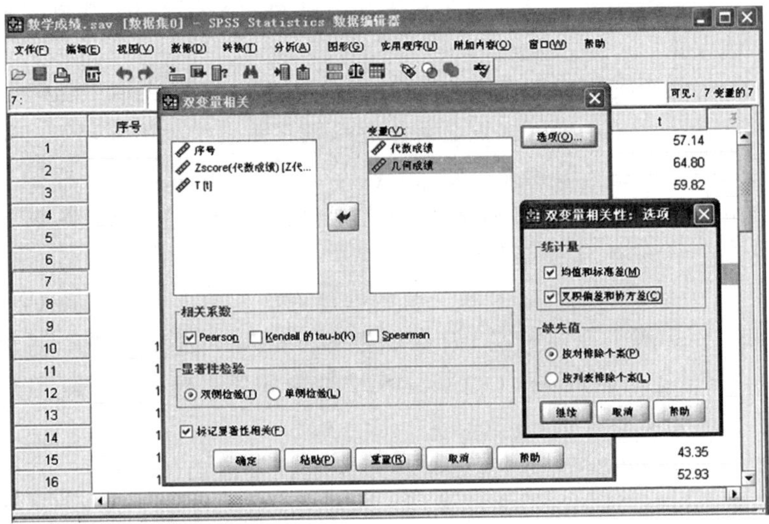

图 4-25

③最后单击 Continue(继续)按钮，返回 Bivariate Correlations(两个变量相关)对话框。

(4)所有设置确认无误后，单击 OK 按钮，得到输出结果。

3. 结果解读

SPSS 的两变量间相关分析(Bivariate)的结果比较简单，输出结果中只有一个描述性统计量表和一个各变量间的相关关系表。如果进行相关分析的变量是两个以上，输出时会分别显示两两变量间的相关关系，如图 4-26 所示。

(1)输出结果文件中的第一个表格为描述性统计量表。从表中可知，参与分析的两个变量的样本数都为 22，代数平均成绩为 59.3636，标准差为 26.10336；几何成绩均值为 65.3182，标准差为 20.44828。

(2)输出结果文件中的第二个表格是相关系数及显著性检验结果表。从表中可知，代数成绩和几何成绩的相关系数 $r=-0.074$，显著性水平为 0.742，大于 0.05[Sig.(2-tailed)]。因此二者相关性十分不明显。

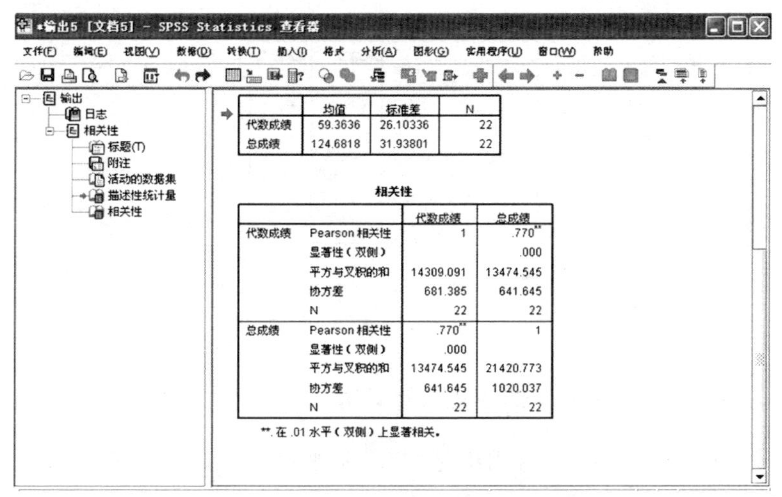

	均值	标准差	N
代数成绩	59.3636	26.10336	22
总成绩	124.6818	31.93801	22

相关性

		代数成绩	总成绩
代数成绩	Pearson 相关性	1	.770**
	显著性（双侧）		.000
	平方与叉积的和	14309.091	13474.545
	协方差	681.385	641.645
	N	22	22
总成绩	Pearson 相关性	.770**	1
	显著性（双侧）	.000	
	平方与叉积的和	13474.545	21420.773
	协方差	641.645	1020.037
	N	22	22

**. 在 .01 水平（双侧）上显著相关。

图 4-26

另外，若在此例中求出总成绩，计算代数成绩与总成绩之间的相关性，得到的结果如图 4-27 所示。由此看出二者相关系数为 $r=0.77$，显著水平为 0.000，因此二者显著相关(SPSS 此时会在数据右上方标记两个星号，并在表后面作出说明，说明在 $\alpha=0.01$ 的水平上显著相关)。

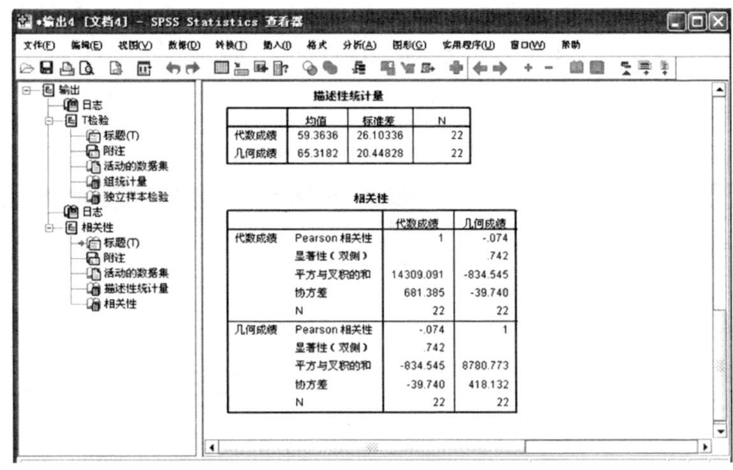

	均值	标准差	N
代数成绩	59.3636	26.10336	22
几何成绩	65.3182	20.44828	22

		代数成绩	几何成绩
代数成绩	Pearson 相关性	1	-.074
	显著性（双侧）		.742
	平方与叉积的和	14309.091	-834.545
	协方差	681.385	-39.740
	N	22	22
几何成绩	Pearson 相关性	-.074	1
	显著性（双侧）	.742	
	平方与叉积的和	-834.545	8780.773
	协方差	-39.740	418.132
	N	22	22

图 4-27

四、Excel 平台下的描述统计计算

Excel 是 Office 常用组件，其最常被用到的是它的表格功能，除此之外也可以进行一些数学统计与分析。若在教学测量与评价中得到的数据不是很多，或分析要求不是很高，可以直接使用 Excel 进行分析。

（一）常用统计量的计算

常用统计量即是经常使用的统计量，比如最大值、最小值、总数和、平均值、中数、众数、方差等。

在 excel 中计算这些统计量非常方便，有的甚至只是点击快捷键图标即可完成，比如求一些数据的总和。但 Excel 提供的这种快捷图标太少，所以统计量一般是通过插入函数的方法来计算的。通过插入函数来计算统计量是比较简单的方法，下面通过几个具体的统计量计算来演示。

1. 求总数和

求总数和即是求一列数据的总和。其方法是先选择一个放置总数和的单元格（当然是在必要的数据输入完毕之后），在菜单栏的插入下拉列表中选择函数选项，如图 4-28 所示。然后在弹出的对话框中选择 SUM 求和函数，如图 4-29 所示，点击“确定”。此时会出现一个新的对话框，要求输入数据区间，如图 4-30 所示。在 Number1 右侧的空白栏中填入求和数据的区间，如图 4-31 所示，点击“确定”即可出现所求数据的总和。

此处求的是 10 个同学的代数成绩，总和为 706。

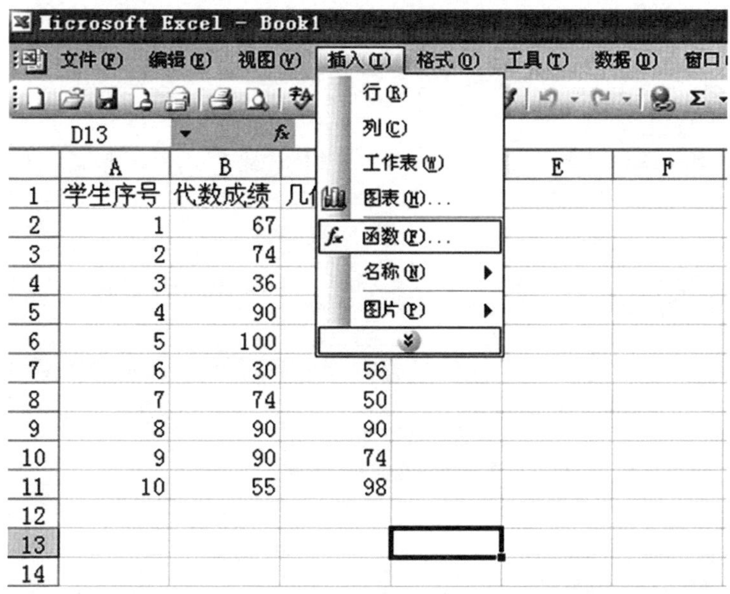

图 4-28

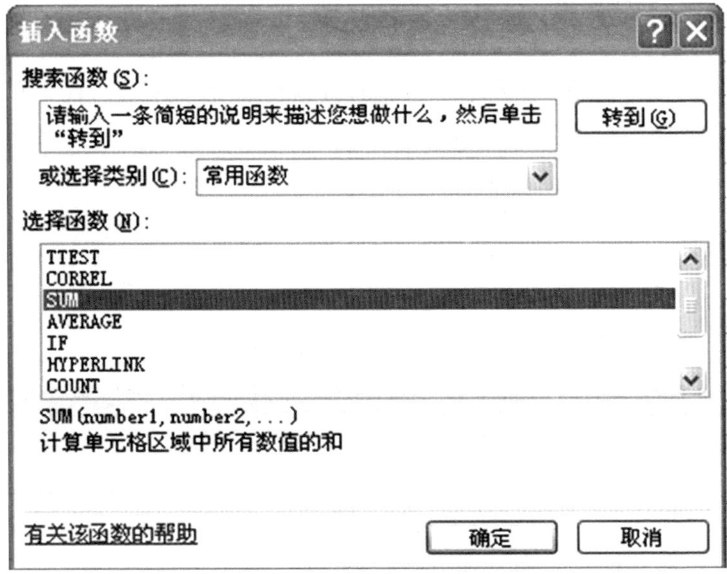

插入函数
搜索函数(S):
请输入一条简短的说明来描述您想做什么，然后单击“转到”
转到(G)
或选择类别(C): 常用函数
选择函数(N):
TTEST
CORREL
SUM
AVERAGE
IF
HYPERLINK
COUNT
SUM(number1, number2, ...)
计算单元格区域中所有数值的和
有关该函数的帮助
确定
取消

Microsoft Excel - Book1
文件(F) 编辑(E) 视图(V) 插入(I) 格式(O) 工具(T) 数据(D) 窗口(W) 帮助(H)
=SUM()
学生序号 代数成绩 几何成绩
1 67 100
2 74 87
3 36 65
4 90 76
5 100 90
6 30 56
7 74 50
8 90 90
9 90 74
10 55 98
=SUM()
函数参数
SUM
Number1
Number2
计算单元格区域中所有数值的和
Number1: number1, number2, ... 1 到 30 个待求和的数值。单元格中的逻辑值和文本将被忽略。但当作为参数键入时，逻辑值和文本有效
计算结果 =
有关该函数的帮助(H)
确定
取消

图 4-29

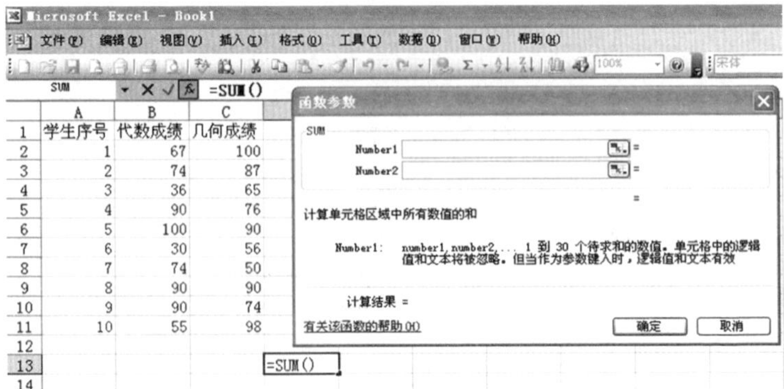

图 4-30

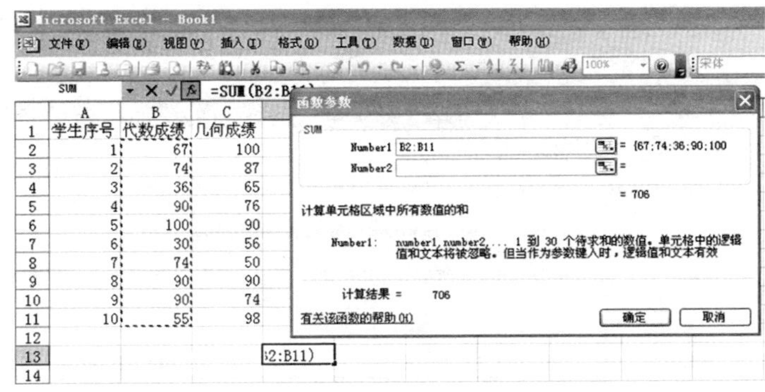

图 4-31

2. 求平均数

选择一个要放置平均数的单元格，然后插入求平均数函数，输入数值区域，点击“确定”即可，如图 4-32 所示，这里求得的平均数为 70.6。

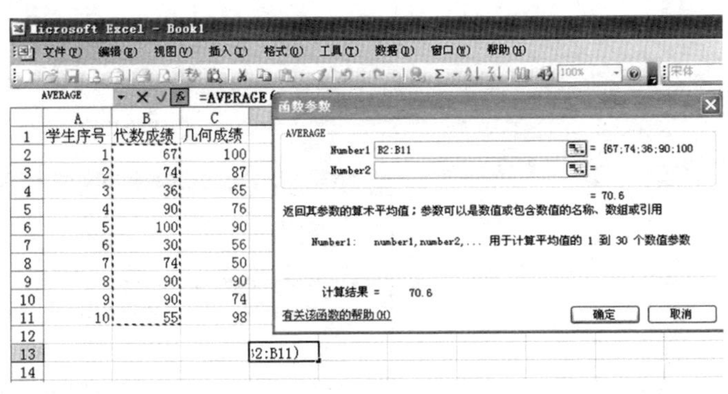

图 4-32

3. 求众数

选择一个要放置众数的单元格，然后插入求众数的函数，输入数值区域，点击“确定”即可，如图 4-33 所示，这里求得的众数为 90。

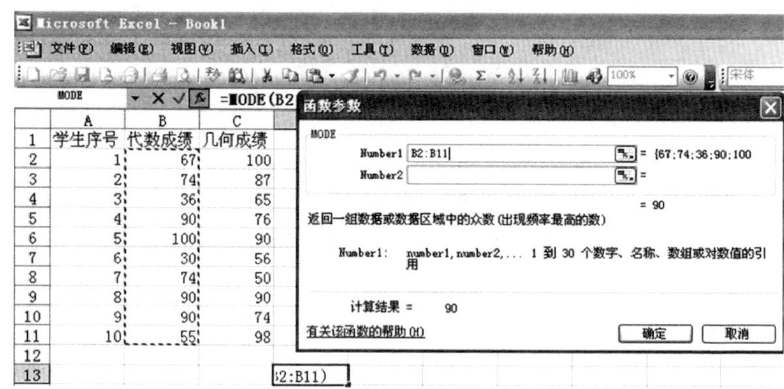

图 4-33

4. 求方差

选择一个要放置平均数的单元格，然后插入求方差的函数，输入数值区域，点击“确定”即可，如图 4-34 所示，这里求得的方差为 418.13。

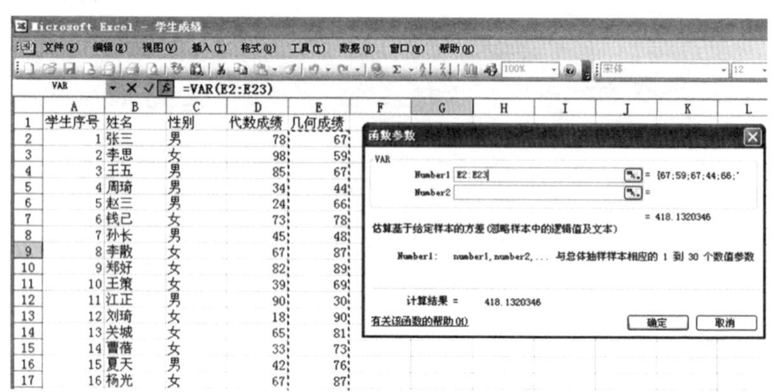

图 4-34

其他常用统计量的计算与上述几个统计量的计算基本相同，不再赘述。另外，还可以 Excel 中加载宏分析工具库，则可在数据菜单中找到数据分析项，利用数据分析项分析上述统计量，这样可以使计算过程更为简单。

五、Excel 平台下的差异分析和相关分析

利用 Excel 提供的函数也可以分析两列数据的差异性和计算相关系数。其大体过程如同常用统计量的计算。

（一）差异分析

Excel 提供了一个计算 t 检验的函数 TTEST，利用这个函数即可分析两列数据的差异性。

应用例 13 中的数据，计算代数成绩和几何成绩的差异性。其过程如下：

1. 选择一个呈现平均数的单元格，然后插入 TTEST 函数，如图 4-35 所示。

	A	B	C
1	学生序号	代数成绩	几何成绩
2	1	67	100
3	2	74	87
4	3	36	65
5	4	90	76
6	5	100	90
7	6	30	56
8	7	74	50
9	8	90	90
10	9	90	74
11	10	55	98
12			
13			

图 4-35

2. 点击“确定”,按要求输入相应数据,如图 4-36 所示。

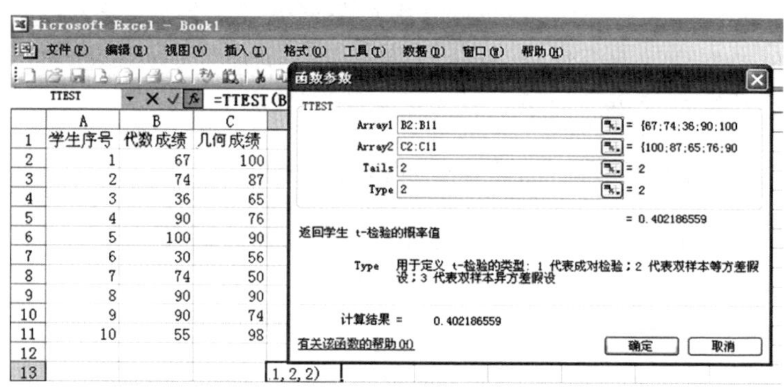

图 4-36

3. 再点击“确定”,得到计算结果为 0.402,其大于 0.05,因此二者差异不明显。

这里要注意的是,在使用 TTEST 函数时,两列数据一定是等量的。

(二)相关系数计算

相关系数的计算可以使用 Excel 提供的 CORREL 函数或 PERSON。二者的计算结果相同,故一般只用第一个函数。

以例 13 数据为例,计算代数成绩和几何成绩的相关系数,过程如下:

1. 选择一个要放置平均数的单元格,然后插入 CORREL 函数,如图 4-37 所示。

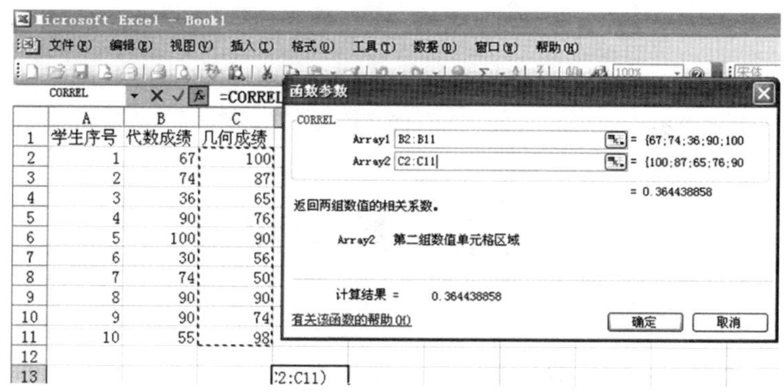

图 4-37

2. 点击“确定”，输入相关数据，如图 4-38 所示。

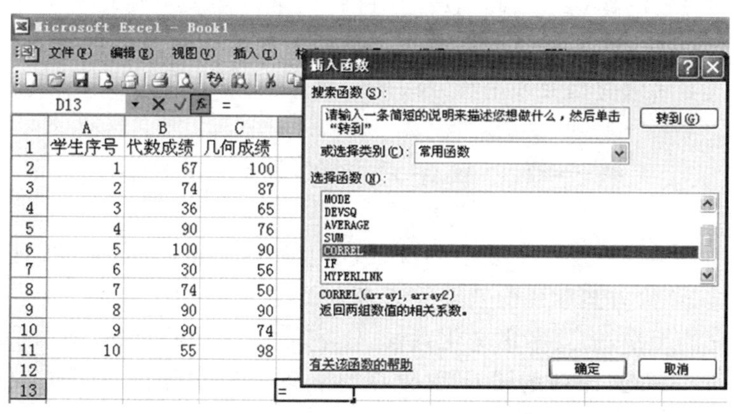

图 4-38

3. 再点击“确定”，即可看到得到的相关系数。此处结果为 0.3644，说明二者相关性不是很高。

另外，高版本的 Excel 中通过在工具栏加载宏分析工具库，可在数据菜单中见到数据分析项，利用这项功能可以更为简单地进行上述统计计算和分析。

第五章　教学评价

教学评价是当前教育改革关注的重要课题。教学评价关注教学过程，有助于改进教师的教学；同时，它还关注学生学习的过程，有助于深入了解学生的发展状况，为促进学生的全面发展起着导向和激励的作用。因此，教学评价的质量直接关系到教学工作的改进和学生的发展。提高教学评价质量是新课程改革的重点，掌握教学评价的相关理论和方法是对教育工作者专业发展的要求。

第一节　教学评价的设计与准备

教学评价是一个复杂的过程，涉及评价目的、评价对象、评价人员、评价方案和评价效果等诸多方面，同时教学评价是一个要求很高的工作，需要考虑文化背景、教学理念、学生特点、教师水平等方面。因此，详细的设计和精心的准备是教学评价不可或缺的部分。

一、教学评价的设计

(一)内容的设计

教学评价设计的内容主要包括两个方面：一是文字材料方面；二是评价操作方面。

文字材料方面主要指评价方案；评价操作方面主要指评价模

式、人员的选择和组织以及评价的时间、地点、使用工具等。

1. 评价方案

评价方案是评价过程中评价人员使用的直接依据，是收集信息的根本标准，是评价目标的代表。因此，设计人员必须对评价方案有一个清晰明确的阐述。

评价方案主要分三部分，第一部分是指导语，也叫“评价前言”；第二部分是评价指标体系和权重；第三部分是附录。简单地说，设计评价方案就是设计这三个方面。

(1)指导语

指导语主要包括以下四部分：评价目的和指导思想的说明；本次评价指标体系的设计说明；评价方法和使用工具的说明；实施程序和要求说明。

设计指导语即是对上述四个方面的内容进行清晰明确的阐述。

(2)评价指标体系和权重

评价指标体系是评价过程中进行观察和测量时使用的依据。权重是每项指标体系的具体评价范围和比重。

简单地说，设计评价指标体系和权重即是考虑用什么样的指标体系、最后的指标体系具体到什么程度、每个指标体系大体给一个什么样的权重等问题。

(3)附录材料

附录材料是评价过程中除上述内容之外的部分，比如对评价起到解释说明作用的评价量表(确定等级的)等，这些材料同样也需要设计人员的精心设计。

2. 评价操作方面的内容

(1)评价模式

评价模式是长期以来人们在对教学研究的基础上形成的相对固定的一些评价方法和程序，如同教学模式一样。这些方法和程序在具体使用的时候可以整套借用，也可以相互调和应用。

评价模式很大程度上决定着评价的结果，如同教学方法决定教学效果一样，因此，评价模式的选择和应用需要设计人员认真地考虑。

(2)人员的选择和组织

教学评价常常需要多个人员的参与才能完成，人员的水平和分配在很大程度上影响评价的质量。比如在对某中学教师的教学进行评价时，由不同的人去评价，尽管使用同一份评价指标，评价的结果可能不尽相同。因此，如何选择和组织人员是一个非常关键的问题。

设计这个问题时，需要考虑由多少人、哪些人来参与及具体怎样分工、谁当领导、如何组织、要形成一个什么样的机构、谁具体操作等方面。

教学评价需配备的人员一般分为三类：一是领导协调人员；二是具体计划和评价人员；三是相关技术人员。

领导协调人员主要负责召集人员、组织评价和协调各个方面的工作。

具体计划和评价人员主要负责制订评价计划、编写评价材料、收集信息、归纳概括出结果和提交评价报告等工作。

相关技术人员主要负责有关帮助工作，比如组织学生、安排场所、登记数据、操作电脑、录音录像等。

(3)评价时间、地点和使用工具

评价时间指的是开始评价的时间，评价地点是进行评价的场所，设计评价时间和地点即初步定出本次评价的具体时间和地点。对于评价时间和地点的设计，如果不能确定或者没有确定好，会使评价无法进行下去。因此，设计评价的时间和地点在教学评价中也是至关重要的。

评价使用的工具即在评价过程中使用的技术手段。在评价过程中是否使用计算机、录音或者录像设备，是否使用固定的教室和动员一定数量的学生等，是保证评价顺利进行的关键因素。

（二）内容设计的依据

对评价目标、评价目的和教育现实三方面进行分析是进行教学评价内容设计的主要依据。其中，对评价目标的分析主要是设计评价方案；对评价目的的分析主要是设计评价方法和选择评价手段；对教育现实的分析主要是确定设计人员的调配和时间地点等。

1. 对评价目标的分析

对评价目标的分析主要是分析评价目标是什么、有什么特点、包含哪些部分等方面。比如评价学生的数学思维能力时对评价目标进行的分析，就是分析什么是数学思维能力、它有什么特点、包含哪些内容、怎么才能评价出学生思维能力的高低和特点等。因此，要对教学评价目标进行分析，需要了解和掌握教育学基本理论、与评价目标相关的知识以及一定的心理学理论等。

2. 对评价目的的分析

对评价目的的分析主要是分析教学评价的目的是什么、主要思想是什么、包括哪些细节和部分等。

不同的教学评价，尽管有时候评价目标相同，但评价的目的却不尽相同。例如对学生数学能力的评价，有的评价是为了了解学生数学能力的发展状况，有的是为了选拔或筛选；再比如对教师教学水平进行评价，有的是为了找出问题、提高水平、完善教学，有的是为了奖励和评比。所以，设计教学评价的内容，分析评价目的是必不可少的。

不同的教学评价，其目的不同，需要采取的评价方法是不一样的。例如以结业为目的的评价和以教学为目的的评价采取的方法就不同：一般以结业为目的的学习评价需要采取绝对评价，最后要根据一定的要求（常常是课程标准）对学生的学习作一个终结性的评判；而以教学为目的的评价需要采取形成性评价，最后根据教学实际情况对学生作一个发展状况和特点的评价，同时还要给出一个建议。

由此可见，对教学评价的目的进行分析，主要可以帮助我们选择评价模式、方法、技术手段等。

3. 对教学现实的分析

对教学现实的分析主要是从评价对象所处的状况、背景、大体的水平等几个方面进行，从而决定组织什么样的人员参加、用什么方法和使用什么样的评价技术及手段等。

一般情况下，教学评价不仅涉及具体的事情，而且还涉及具体的人。不同的人和事情要采取不同的方式对待，这是评价能顺利进行下去的保障。例如对大学生的学习能力和对小学生的学习能力进行评价时，由于他们是不同层次的评价对象，就需要有不同的评价人员和组织。再比如对少数民族地区的教学评价和汉族地区的教学评价，需要不同的领导和组织；小型的教学评价和大型的教学评价也需要不同的人员组织和技术手段等。

对教学现实的分析有助于确定人员、组织技术手段、时间和地点等，其目的是保证评价的顺利进行。

二、构建教学评价指标体系的准备

设计只是一个概括的构想，因此在设计之后，常常还需要一些具体的准备。比如评价指标体系、评价设备等。评价指标体系是教学评价所依据的衡量范围，下面着重讲的是教学评价指标体系的构建和给出。

(一)评价指标体系的确定

指标的一般含义是“计划中规定达到的目标”[①]。在教学评价

① 中国社会科学院语言研究所词典编辑室：《现代汉语词典》，商务印书馆 1983 年版，第 1488 页。

中，指标是具体化、行为化、可测量的或可观察的评价内容。它一般是从对目标理论的分析中得出和确定的。

比如评价学生的思维能力时，评价的指标体系主要来自对思维能力这个概念和相关理论的分析。思维能力的评价一般从学生思维的深刻性、广阔性、灵活性、敏捷性和批判性来评判。

对评价目标的精确分析是构建评价指标体系的关键，设计人员需扎实地掌握与评价目标有关的基本理论。

（二）评价指标的具体化

评价指标的具体化即结合评价目标的具体情况，将上述评价指标进一步明确，变成可以考察的具体项目。

评价指标具体化的过程可以通过以下两个例子来说明。第一个例子在评价学生思维能力的时候，制订了一项评价指标是思维的敏捷性，然而这项指标比较抽象，无法评价，为了使评价顺利进行，结合学生的实际情况和该指标的特点，将其变成了单位时间内学生做（中等难度）题的数量，以此来确定学生思维的敏捷性；第二个例子，在考查学生思维的批判性时，为了更好地进行评价，我们将其变为对学生解题细节的考察，以解题过程中出错率的高低来评价学生思维批判性的强弱。

值得注意的是，评价指标体系的具体化一定要合乎逻辑，一定要结合实际情况。

合乎逻辑即具体化的指标一定是在前面指标的基础上推出来的，不是凭空想象的；结合实际即是要符合评价对象的实际情况，否则再具体也无法对其进行实际操作。

例如，在对学生数学能力评价指标体系进行具体化的工作中，不管该体系有多少级指标，一定要在合乎逻辑和结合实际的情况下进行，如表 5-1 所示。

表 5-1　　　　学生数学能力评价指标表

一级指标	二级指标	三级指标	四级指标	五级指标	六级指标
数学能力	1. 数学知识 2. 数学技能 3. 数学思维能力 ……	1. 思维深刻性 2. 思维敏捷性 3. 思维灵活性 4. 思维批判性 ……	1. 思维逻辑性 2. 思维深度 3. 思维节奏感	1. 数学推理正确 2. 逻辑严密 ……	1. 会正确地解计算题 2. 能正确证明数学命题 ……

由此看出，要将评价指标分析得清晰到位，需要有丰富的数学理论知识并熟悉数学教学实践，只有两方面都符合条件，才能顺利进行。

评价指标具体化的基本要求：制订出的评价指标要清晰明了，既便于评价人员进行评价，又有利于信息的收集。如果达不到这个要求，就需要对评价指标进行重新制订。

（三）评价指标体系的撰写

根据不同的评价目标、评价目的、教学现实的需要以及评价人员的风格等，评价指标体系的撰写表现出不同的形式。其中，常见的写法有以下几种：

1. 期望评语式写法

这种写法把最后的指标写成期望的形式。比如对学生良好学习习惯的评价，可以写成如表 5-2 的形式。

表 5-2　　对学生良好学习习惯的评价指标

一级指标	二级指标	三级指标(期望评语形式)
日常学习表现	学习目的	能正确认识学习的意义 能正确认识学习任务对自己提出的要求 能正确认识个人的学习方向 能满足国家的需要 能正确认识克服学习困难的意义 能正确认识学习中与同学相互帮助的意义
	上课	能专心听讲 勤于思考 遵守课堂纪律 积极回答老师的提问 认真做笔记
	作业	能独立完成 能按时提交 能书写整齐 能及时纠正错误 作业正确率高
	课外活动	……

2. 分段描述式写法

分段描述式写法即将各种情况分段列出来。比如对智力指标体系的具体化,可以用如表 5-3 所示的写法。

表 5-3　　智力评价指标

一级指标	二级指标	三级指标
智力	记忆力	不能记住一些常用的基础数据，教学时丢三落四
		教学时需要翻阅本专业常用数据
		能较熟练地掌握一般数据，且准确度较高
		能较熟练地掌握与本专业有关的基础数据，准确度高，而且记忆速度快
	……	……

3. 量尺式写法

即假设各种情况都是连续的，将它们有顺序地排列起来，以此给出评价表，方便评价人员作出评判，如表 5-4 所示。

表 5-4　　以量尺式排列的评价指标

一级指标	二级指标	各种情况及等级(分值)
品德	待人	骂人　打人　友好　助人为乐
	言行	欺骗　说谎　诚实　劝诫
	待物	……
	待钱	
	待事	很马虎　马虎　认真　非常认真

这种方式下，评价的时候直接将分数在标尺上写出来就可以。

(四)确定指标权重

指标的权重，对评价结果的质量和评价目的的实现具有直接影响。确定评价指标权重的方法当前常用的主要有以下几种：

1．专家讨论法

即请某一方面的教学专家集体讨论并对这些指标进行打分，然后求其平均分，以此来确定指标分数的方法。

专家讨论法可以集思广益，克服片面和单一问题，可以取得较好的权重分配。但这种方法有一定的弊端，它的主观性较强，不同专家对指标会存在不同的认识。

2．德尔斐(Delphi)法

这种方法是20世纪50年代初美国兰德公司开发的一种调查和赋权技术。其特点主要表现在以下四个方面：

(1)以匿名的方式，向专家们分发咨询表，以征求专家意见。

(2)征求专家意见的过程可反复多次。

(3)在多次的反复中，专家可以根据前面几轮的应答情况，修改或坚持自己的观点。

(4)最终结果以大家比较一致的观点为准。

例如有一个教学评价，现在已经制定出甲、乙、丙、丁的指标，利用德尔斐法来确定权重的具体过程如下：

①给选定的专家发放如表5-5的表格，请他们匿名作答，然后收回。

表5-5　　专家首次匿名打分

指标	权重(0～10分)	备注
甲		
乙		

续表

指标	权重(0～10 分)	备注
丙		
丁		

②收到专家的答复之后，对各个专家的评价进行统计，求出每个指标的平均分，再求出每个专家在每项指标上的离差，发给原来的专家，作为他再次打分的参考。也就是向专家发放如表 5-6 的表格，请专家再次匿名打分。

表 5-6　　专家再次匿名打分

指标	上次权重平均分(0～10 分)	离差	本次赋权值
甲			
乙			
丙			
丁			

③收到专家的第二次匿名打分后，再次进行统计和求平均值。如果前后两次的平均值差别不大，则以这次的结果为准；如果差别比较大，那么再次重复上述过程，直至结果稳定。

特尔斐法可以避免专家见面之后的相互影响，评价的结果也相对客观；专家的选取量可以是多个层次的，数量也可相对较大。这种方法是当前应用最多的。美国每年奥斯卡的评选就是采用的这种方法，各个国家的专家都会参与。

但是这种方法也有不足，即工作量比较大，时间花费较多。

3. 关键特征调查法

关键特征调查法就是利用选择关键指标比例来确定权重的方

法。使用这种方法的步骤是：

(1)确定出全部可能的评价指标，然后请专家来评价和排序。

(2)根据专家的排序计算出各项指标的百分比。

(3)根据百分比计算出权重。

例如1999年华东师范大学对中学校长素质评价指标权重的制订过程如下：

(1)根据相关理论，对于当前中学校长的基本素质应包含的方面进行了分析，提出了应包含的五个方面。然后请54名中学教师来排序，让他们根据自己的理解，对当前中学校长应具备的素质作一个评价和排序，认为最重要的排第一，其次第二，最不重要的排第五(认为不合适的可以弃权，拒绝排序)。

(2)对排序结果进行统计，算出每个指标的排序比例，删除选择不超过一半的指标(认为不重要)，得到如表5-7所示的结果。

表5-7　　指标权重选择情况

备选指标	事业心	求实精神	廉洁性	知人善任	民主性
重要性	1	2	3	4	5
选择人数	49	40	34	33	28
百分比	90.74	74.07	62.96	61.11	51.85

(3)按照权重 $=\frac{\text{指标百分比}}{\text{百分比之和}}$ 的公式计算每个结果，得到每个指标的权重。

比如第一个指标“事业心”的权重即是：

$$\frac{90.74}{90.74+74.07+62.96+61.11+51.85}\approx 0.266$$

这种方法简单易行，因此也比较常用。

三、教学评价模式

教学评价的设计还要考虑选择什么样的教学评价模式。教学评价模式有很多,常见的主要有以下几种:

(一)泰勒模式

泰勒模式以心理学为基础,通过多年的研究和实践而逐步形成,也称为“目标评价模式”,于20世纪30年代由美国教育家泰勒提出。泰勒主要受到杜威、桑代克和贾德等美国教育界颇负盛名的社会科学家的影响,他所进行的绝大多数研究都显示出努力从实践中发展理论的倾向。泰勒模式是教学评价史上第一个最完整的评价模式,直到今天,依然有非常大的影响。

1. 泰勒模式的基本思想

(1)以课程目标为中心进行评价,围绕课程目标来评价教育和教学,而不能依据其他的目标。

(2)以测量为基础进行评价。

2. 泰勒模式基本要求

(1)要以目标参照测验代替常模参照测验。

(2)评价内容要具体化,以提高测量的可操作性。

3. 泰勒模式具体步骤

(1)确定教育目标或课程目标

泰勒指出,评价是一个确定实际发生的行为变化程度的过程。评价过程实质上是一个确定课程与教学计划实际达到教育目标的程度的过程。[①] 在他看来,教育目标是课程评价的出发点和依据,是进行课程评价的决定因素。

课程目标或教学目标实际上是一个目标系统,这个目标系统

---

① 参见瞿葆奎:《教育学文集》第16卷《教学评价》,人民教育出版社1988年版,第263页。

往往在我们的课程计划中有步骤地体现出来。课程的具体目标应当是在总体目标指导下提出来的能够使我们的教学进行实际操作的目标。

（2）以具体行为和具体内容阐述每一个目标

在教学和课程实施过程中，要想使每一个具体目标都具有可操作性，我们就要提出我们所认可的行为目标（behavior objectives）。有了行为目标，我们才能在教学中进行具体操作，才能在评价过程中依据这些目标实施具体的评价活动。确定使用目标的情景。

目标只有在具体的情境中才能够体现出它的具体内容、目标指向和目标特点，所以我们要确定目标使用的情境，如在什么情况下实现某目标，实现这一目标需要什么样的条件，有什么样的人参加等。

（3）确定情境呈现的方式

在具体的教学和课程实施中，我们要明确目标情境的呈现方式。

（4）确定获取信息的记录方式

收集、提取和分析信息的过程中所使用的方法和手段，在我们的评价设计中都应有实质性的设定。

（5）确定如何赋分

我们要确定评价所使用的计分方法（scoring）、计分单位和计分形式，还要确定在赋分过程中的权重问题。

（6）确定获取样本的手段

在评价过程中，只有提取样本和证据才能进行有效的评价。获取样本需要一定的手段，这些手段可以是实施的措施，也可以是收集信息的工具。

“泰勒目标评价模式”第一次指出了教育目标、课程设计和评价过程之间存在着密切的联系。泰勒认为，评价的目的是要较全面地检验学习经验在实际上是否真正起作用，并指导教师去引起所期望的那种结果,评价涉及获得学生行为变化的证据,所以,获得任何有关教育目标所期望的行为的有效证据,都是一种合适的评价方法。

这种评价模式的提出标志着课程评价科学化的开端,它强调预定的具体目标,结构严谨、结果客观,可进行大范围的评价。

但泰勒的评价模式毕竟是一定历史条件下的产物,也有其不可避免的局限性,主要表现为以下几点:

1. 过分重视对测量结果的评价,忽视了过程的评价。

2. 对评价技术要求很高,对目标的合理性评价太少。

3. 只观察了预期的效果,对而非预期的情况没有进行评价。

4. 目标大多数情况下都是由教育管理者提出,很少考虑学生的需要。

(二)CIPP 模式

这种模式是 20 世纪 60 年代初期在反对泰勒评价模式的基础上提出来的。泰勒的评价思想要求以课程目标为中心,而针对在教育过程中如何评价目标的合理性问题,著名的评论家斯塔斐尔·比姆(Stuffel Beam)提出了 CIPP 评价模式。

这种模式的基本思想是:教学评价不应限于评价目标的达到程度,而应为决策者提供有用的信息。

这种模式由背景评价(Context)、输入评价(Input)、过程评价(Process)和成果评价(Product)四部分构成,因此简称 CIPP 模式。

1. 背景评价

这种评价是发现教育目的、教育目标与实际情况(学生、家长和现实的需要)之间差异的一种评价,它旨在了解计划和实际的差别,以解决教育问题、修正教育计划或改革教育方式。

这种评价的基本方法是请教育专家实地考察、真实访问或观察等。

2. 输入评价

输入评价是在教育目标确定之后,对达到目标所需条件的评价,实际上是对教育方案可行性作出的评价。它涉及的问题一般包括:实现目标的可能性、方案需要的成本、方案的优势与劣势、方案的合法性和道德性等。

这种评价的方法主要是系统地调查和分析现有的人力、物力及现行的政策;收集各种有竞争价值的改进思想,并分析其有效性和可能性。

3. 过程性评价

这是一种对教育活动过程进行的评价。目的是发现实施过程中存在的问题,及时反馈信息,高效地利用现有的资源。

这个评价过程和方法与前面的"泰勒目标评价模式"相似。

4. 结果评价

结果评价是对实际教育活动达到教育目标的程度进行评估。

这种评价模式的优点:

(1)将教育目标放在了评价内容之中。

(2)重视形成性评价。

(3)把评价看作教育的一部分,与教育相辅相成。

(4)突出了评价的发展性功能,提高了人们对评价的认可度。

不足之处在于:

(1)这种评价缺乏价值判断,只是为决策者提供信息。

(2)实施评价的过程比较麻烦,实际评价受到限制,适用范围受到挑战。

(三)目的游离评价模式

1967 年,美国学者斯克里文(Scriven)提出了目的游离评价模式。这种教学评价模式是在泰勒模式的基础上提出来的。

目的游离评价模式的基本思想是全面评价教育状况,包括目标达到情况和非预期效果。它强调在评价过程中,不要将评价方案制定者的想法和目的告诉评价参与者，特别是被评价者，以期获得更加全面和真实的评价结果，特别是那些非预期的结果和效应(这是斯克里文首先提出来的概念)。

它与泰勒模式、CIPP 模式的最大区别是：作出评价结论的依据不是方案制定者预定的目标；评价活动从反映管理者、决策者的意图转变为反映局外人的意愿。由此可以看出，目的游离评价模式具有更大的客观性，它反映了评价者的自主性，将教育过程视为受教育者个人自我创造、自我实现、自由发展的过程，从根本上体现了以个人的需要为价值取向的评价标准。

这种模式的优点是能得到比较全面的信息，特别能得到一些非预期的评价结果。

不足之处在于：

(1)由于这种评价模式带来的结果常常很多，这导致结果较难统一。

(2)目的游离模式的评价环境自然，比较费时间，而且难以调动评价者的积极性和被评价者的自觉性。

(3)目的游离评价模式没有一套完整的评价程序，不是一个完善的模式。

(四)应答模式

1973 年，斯塔克(R. E. Stake)提出“应答模式”。之后，由古巴(E. G. Guba)和林肯(Y. S. Lincoln)将应答模式进一步发展完善。

这种模式强调评价结果的真实和(对教育的)有效性。为此，这种评价模式看重与被评价者的接触、交流和真实观察以及评价者对于评价问题的真实回答过程等，而不重视评价的分数，并认为只有这样才能得到真实有效的结果。

这种模式的优点是重视评价结果的真实性和有效性；不足之处是操作具有一定的困难，论证数据具有较强的主观性，问题引导有一定的片面性。

（五）反对者模式

这种模式是由欧文斯（Owens）和沃尔夫（Wolf）于 1975 年前后提出来的。这是一种全面考虑正反两方面意见的准法律审议的评价模式。

这种模式特别重视不同意见者的评价，主张让不同意见者或相反意见者共同参与评价，然后让他们全面陈述并相互对质，从而发现问题，得到合理观点。

反对者模式一般由四个阶段构成：

1. 提出争论

这个阶段主要是通过谈话等方式，发现问题所在。

2. 选择争论

这个阶段主要进行争论问题的收集整理，然后选择关键、重要和主要的问题。

3. 准备辩论

这个阶段下会组织不同观点的人准备陈述观点，力图说服对方。

4. 听证

这一阶段类似在法院开庭听证，在充分听取各方意见的基础上作出最后的结论。

反对者模式的优点是评价范围比较广泛，包含了相反的意见；评价结果更加全面客观。

不足之处是评价结果会受到辩论技巧的影响；评价过程复杂困难。

（六）CSE 评价模式

这是一种类似 CIPP 模式的评价模式，由加利福尼亚大学洛杉矶分校的评价研究中心（Centre for Study Evaluation）提出来的，所以叫作 CSE 模式。

CSE评价模式包括以下四个步骤：

1. 需求评价

需求评价指的是对人们和社会的各种需求作出评价。

2. 方案评价

方案评价是对各种达到目标的教育教学方案进行评价，评价内容包括教学内容、教学设备、资金、人员配备等。

3. 形成性评价

形成性评价是在教育过程中进行的评价。指教师在实现自我发展目标过程中发现成功和不足之处，及时修改自己的行动方案，从而保证发展目标的实现的评价方式，是计划修正的阶段。

4. 总结性评价

总结性评价是指最后对整个教育过程的全面评价。这种模式旨在为教育改革提供信息，它整合了形成性评价和总结性评价，包含了教育相关方面的不同评价，因此是当前在课程评价中应用最为广泛的。

CSE评价模式将整个教育的发生、发展过程分为阶段进行评估，从而有效地获取教育过程中的各阶段、各环节的可靠信息，不断控制、调整和改进教育工作。与其他评价模式相比，它的优势主要体现在阶段性、综合性与全程评估相结合上。

（七）学校鉴定模式

由熟悉教学的专家参与的全面评价称为“学校鉴定模式”。参与人员一般为学校中的教师和教务工作者。评价的内容包括态度、目的、能力、学习、作业、课堂情况等。评价方法有访谈、笔试、口试、观察等。学校鉴定模式是从实践出发的一种评价模式，具有很强的真实性。但也存在一定的局限性，如评价过分具体，通常不能上升到一般层面等。

（八）赞同式评价模式

这种模式分两步进行：首先考察评价者的作业、课堂、学习、教学等方面的实际情况，形成初步的观点；其次进行具体的测量或听课等正式评价，来完善开始的判断。

这种评价模式易于进行，便于尽快得到结论。但是也常常存在一定的主观性，导致得出的结果缺乏客观性。

以上这些评价模式都是常用的评价模式，各有优缺点，因此，在教学评价设计阶段一定要仔细考虑这些模式的特点，根据具体情况来选择和确定。

第二节　教学评价的实施

教学评价的设计与准备是实施教学评价的前提。教学评价的实施是一个实际操作过程，为保证教学评价的有效性，评价人员应清晰地了解教学评价实施的一般步骤、评价信息的采集与处理、评价信息的反馈等。

一、教学评价的一般步骤

教学评价的步骤大体分为四步：第一步组织动员；第二步准备材料和工具；第三步实施评价；第四步处理评价结果。

（一）组织动员

这一步就是将参与评价的人员组织起来，就本次评价的情况进行全面介绍和详细通报，将评价的注意事项、时间、地点和顺序等进行特别提示。

组织动员的目的在于使所有的参与人员充分了解本次评价的意义和指导思想，激发他们的积极性；让他们全面了解评价的时间、地点、程序等，使他们对本次评价有一个较好的心理准备，以达成默契，积极配合，确保评价的顺利进行；让他们了解正确的评测方法，确保评价结果的可靠性和准确性。

（二）准备材料和工具

这一步完成评价的有关材料和相关工具的准备工作。比如评价方案材料、统计用表、录音设备、录像设备、计算机等。

准备材料需要工作人员的齐心协力，常常要克服很多困难，会花费一定的时间、精力和财力，因此需要早作准备。虽然这一步不太容易，但是必须要做好，它是评价得以顺利进行的有力保障。

（三）实施评价

实施评价就是根据计划，在规定的时间到规定的地点，用设计好的内容与方法进行评价。

实施评价大体包括两个环节：第一步是预评；第二步是正式评价。

1. 预评

预评是在正式评价之前，把评价方案先呈现给被评价的对象，让其对本次评价的目的、意义和内容有一个较好的了解和理解，并据此进行自我评价。因此，这一步也叫“自评”。

预评的目的主要有两个：一是减轻被评价对象的心理压力，使其作好正式评价的准备；二是收集真实的信息。

预评要注意的问题是：第一，评价方案要以书面的形式呈现给评价对象，使其了解得更为清楚和详细；第二，要给被评价对象一定的时间来学习和自评；第三，要求每个自评对象都要写出自评报告。

一个人的教育教学情况，个人本身应该是最为熟悉的，因此也最有发言权，虽然他的发言也许会有偏差，但应该是最为贴近真实的。这些信息可以用来与评价结果作对比，以便得出客观真实的结果。

2. 正式评价

正式评价是根据设计和计划采集相关信息而进行的正规评价。这次评价一般要求专门的评价人员进行评价，因此也叫“他人评价”（他评）。

前面虽然进行过自评，但正评还是必要的。俗话说“当局者迷，旁观者清”。正评的评价人都是局外人，而且大多都是此方面的专家，可以更全面客观地获得信息，发现问题。自评的时候难免出现自我吹捧、看问题不全面、有意避讳、记忆模糊等问题，因此，正评就更具有权威性。

尽管正评与预评相比有很多优势，但是在正评过程中依然要注意以下几个问题：第一，要按照计划真实进行，不能以预评代替正评；第二，评价要严格按照程序进行，不能弄虚作假；第三，正评之后要做好善后工作，比如评价材料的收集和保存，评价工具的整理和归还等；第四，要写出评价的总结，以备后用。其中评价总结的内容大体包括：本次评价的基本情况、领导人员及组织名单、评价过程描述、出现的问题及处理方法、基本看法、意见和建议等。

（四）处理评价结果

处理评价结果是评价的最后阶段，这个阶段的任务主要有以下四点：

1. 整理评价结果

如统计数据或意见等。

2. 分析结果，得出结论

分析结果是对各种评价结果进行深度的研究，比如做各种检验、求相关、做聚类分析等。

3. 反馈评价结果

即是给相关部门和人员汇报得到的结论。汇报常常采用报告的形式，报告一般由本次评价的负责人组织专门的人员撰写。

评价报告一般包括缘起、分析、计划和设计、实施、结果的收集和分析、结论、未尽问题、参考文献和附录材料等内容。

评价报告的撰写要求全面、系统、清晰有条理。

4. 总结本次教学评价

总结本次教学评价，一是为存档，二是为日后的评价提供经验和教训。因此，总结评价要做到全面、详细和客观，且总结参考的资料要真实（最好是第一手资料）。

二、评价信息的采集

评价信息的采集是评价人员到评价现场根据评价指标逐一了解情况，然后完成打分或定级的过程。

在教学评价的实施过程中，根据评价指标收集信息是关键性的一步。这一步是否顺利和科学直接影响到评价的结果。

采集评价信息的方法有很多，目前常用的主要有以下几种：

（一）观察法

观察法的基本含义是“仔细察看客观事物或现象”①。观察法是评价者在一定的时间内，对被评对象在自然状态下的特定行为表现进行观察、考察、分析而获取第一手真实材料的方法。

观察法适用于了解被评对象的行为、动作技能、情感反应、人际关系、态度、兴趣、个性、活动情况等。

观察法的基本实施方法是观察者近距离接触教育和教学，根据一定的要求取得信息。具体方式主要有：实地考察、听课和参与有关的教学活动。

根据不同的分类标准，观察法可以分为以下几种类型：

1. 有结构观察和无结构观察

这是根据设计的不同区分的。

（1）有结构观察

有结构观察是在进行观察之前有明确的评价目的、对象和范围，有详细的计划、步骤和设计的观察方法。

这种观察方法要求较高，因此使用这种观察方法需要注意以

---

① 中国社会科学院语言研究所词典编辑室：《现代汉语词典》，商务印书馆 1983 年版，第 408 页。

下问题：

①尽量选用有一定专业知识水平的人从事观察。避免主观和偏见，排除可能干扰客观收集信息的因素。

②观察的范围要与时间、环境条件相适应，要保证观察的内容是自然出现的，且观察人员能够从容地观察。

③观察的记录形式、内容要简明，同观察的事件出现顺序大体相符。

④每次观察的时间不宜太长，以免因疲劳而烦躁失神，从而影响信度。另外，还要分析不同观察者对同一事件的观察结果的符合度，如果差异较大，要深度分析其中的原因。

(2)无结构观察

无结构观察即是指观察的内容、步骤与对象事先不确定，也无具体记录要求的非控性观察，它是依据实际观察到的情况获得信息的观察方法。

这种观察方法的随意性比较大，因此，为了保证任务的完成，使用这种观察法的基本要求是：观察的目的应具体明确，观察的范围应清晰明了，观察的标准应统一规范，要及时做好观察记录。

2. 参与性观察和非参与性观察

这是根据观察者是否直接参与被评对象所从事的活动来区分的。

(1)参与性观察

参与性观察也称为“局内观察”，是观察者不暴露自己的真实身份，在参与活动的过程中进行的隐蔽性观察。

一般来说，参与性观察的优点是效果较好，有自我体验，能与被观察者建立融洽的关系，观察时间较长，对活动有更深刻的了解，能及时发现新的信息。但是，这种方法也存在一些不足，如费时费力、对观察者的能力要求较高等，此外观察者的感情因素也常会影响观察的客观性。

(2)非参与性观察

非参与性观察也称“局外观察”,是以旁观者的身份进行的观察。

非参与性观察的优点是较客观,省时省力;缺点是容易为表面现象所迷惑,获得的信息缺乏深度。

在教学评价中经常采用的观察一般为非参与性观察,外来评价者的身份限制了他们进行参与性观察的可能性。

3. 完全观察和取样观察

这是根据观察的内容范围区分的。

(1)完全观察

完全观察指对与评价有关的活动进行全面的观察。

完全观察的优点是收集的资料比较完整、翔实,适用于小样本或个案调查;缺点是耗时费力。

(2)取样观察

取样观察是指抽取有代表性的样本进行的观察。

样本可以是时间,也可以是活动、行为或表现。

取样观察有助于提高观察的客观性、可控性和有效性,它具有方便易行的特点。

取样观察又可以分为时间取样观察和事件取样观察两种形式:

①时间取样观察。即对一定时间内所出现的各种行为、表现进行的全面的观察和记录。比如在课间进行的观察,在自习期间进行的观察。

②活动、事件取样观察。即只对观察期间某种预定的行为、表现进行的观察。比如听课的行为、做作业的行为等。

4. 观察记录

观察法获取的信息常常需要在观察之后进行归纳和分析,因此需要记录。观察法采用的记录方法根据不同的标准可分为以下几类:

(1)实况记录法和轶事记录法

实况记录法是指尽可能详细地记录一段时间内观察对象所有行为表现的方法。

轶事记录法是指随时记录观察者认为观察对象有意义、有价值的行为表现或事件的方法。

(2)行为描述法、检核表法和量表法

行为描述法是对观察对象的行为进行描述的一种方法。

检核表法是在观察过程中根据事先制订的观察表格进行记录的方法。表上涉及的行为和时间就做标记,没有的不作记录。

量表法是根据量表来打分。

(3)连续记录法和取样记录法

连续记录法是将整个过程连续不间断地记录下来的方法。

取样记录法是仅就整个过程中的部分内容进行记录的方法。

5. 观察辅助工具

无论哪种记录方法,都应确保清晰、明了、真实,以便事后可用。为此,观察时也常会用一些辅助性的工具。

(1)录像设备

主要指录像机和照相机。

(2)录音设备

主要指录音机和录音笔。

(3)文字记录工具

主要指纸、笔、表格和电脑等。

(二)调查法

调查法指采用问卷或访谈形式采集评价信息的方法。

这种方法简单、客观,因此在采集评价信息的过程中常常被使用。

1. 调查法的分类

根据所获信息的性质来分,调查法可分为以下四类:

(1)证实性调查,是指对已知材料加以证实或者对证实不了的材料加以否定的调查。

(2)疑问性调查,是指在对某一或某些问题还不清楚的情况下进行的调查。

(3)评估性调查,是指在了解事实的基础上,调查人试图了解被调查者对某一事物或客体的态度、情感或价值判断的调查。

(4)经验性调查,是指不针对特定的问题,仅仅是为了发现某一教师或单位在某方面的经验或问题及其症结所在而进行的调查。

调查法主要用于一项教育改革措施出台并经过一个阶段实施后的评价之中。经验性调查运用的范围相当广泛,由这种调查得来的信息,可以用于制订和修改教育管理政策。

2. 调查的具体方法

调查的具体方法主要有问卷调查和访谈两种。

(1)问卷调查

问卷调查是通过书面提出问题,由被评对象作答后再收集信息的方法。

问卷调查既可以了解被评对象的态度、动机、兴趣、需要、观点等主观情况,也可以了解被评对象的客观性基本概况。

问卷调查所获得的信息主要是被调查者自己陈述的信息。

问卷调查的优势有很多。一是时间灵活、效率高。问卷可以当场发给被调查者,也可以通过邮寄或网络实现远距离多方面的调查;既能获得大量信息,又能节省时间和经费。二是取样不受限制。调查人员可以根据抽样的科学要求和实际情况,确定调查样本的容量,可以选取大样本,也可以选取典型样本。三是调查者和被调查者无须面对面接触,具有一定的回避效果。问卷调查一般不署名,被试者回答问题时没有太多的心理负担,调查容易得到被试者的支持,结论比较客观。

问卷法的不足之处在于：一是设计比较麻烦。二是回收率较低，会影响其代表性。另外，被调查者填答问卷时可能出现估计作答或回避本质性问题的现象，从而影响信息的准确性。

问卷的内容一般包括两部分，即指导语和问题。指导语说明调查的目的和用途以及回答问题的形式。问题主要有三种类型：选择题、程度题和开放题。

好的问卷设计是调查信度和效度较高的有力保证，为此，在设计问卷时，应遵循以下要求：

①问题的表述力求简单清楚，避免使用模糊的或专业技术性术语。

②问卷的题目数量要适度。

③问题的表达尽量运用中性词，避免使用导向性或暗示性语言。

④提供答案的选项应涵盖问题答案的所有内容。

⑤尽量避免使用否定性问题或双重否定性问题。

⑥问题排列要整齐美观，先易后难。

在编制问卷时，应按以下程序完成：

①明确调查目的，确定调查内容和调查对象。

②列出调查问题提纲。

③确定问卷类型，根据提纲草拟问卷。

④征求有关专家、人员对问卷草稿的意见，修订问卷。

⑤从调查对象中抽取一定数量的人员进行试测，检查问卷的内容使其表述方式能够被调查对象理解。

⑥根据试测结果再修订问卷，定稿。

(2)访谈调查

访谈调查是指评价人员与被评对象或访谈对象面对面地交谈，从而了解情况、收集有关评价信息的方法。

这种调查的优点，一是具有较好的灵活性和适应性。调查者在现场能够随时与被访谈对象交流，达到预期的访谈目的。同时，访谈对象不受文化程度、年龄等的限制。二是具有较强的可控性。与问卷调查法相比，访谈调查法通过访谈者的主观努力可以有效控制访谈进程和质量。既可随时澄清问题，纠正对问题理解的偏差，又可随时变换问题或方式，捕捉新的或深层次的信息。三是调查过程具有互动性。访谈中，访谈者和访谈对象始终直接接触，他们相互影响、相互沟通、相互启发，可以促进访谈问题的深入。

访谈调查也有其局限性，一是需要更多时间和经费，效率较低，访谈样本小，不适合在较大范围内进行调查；二是标准化程度低，对访谈结果的处理和分析比较复杂，不易进行统计分析；三是访谈者的访谈技巧和态度等会影响调查结果。

访谈可根据人数不同分为个别访谈和集体访谈。

①个别访谈。个别访谈是调查者与被访者面对面交谈的形式。这种访谈有非正式访谈和正式访谈两种类型。非正式访谈是调查人员和被调查人员自由交谈，不做笔记，在一种非正式的轻松氛围中进行，但调查人员应做到心中有数，要围绕目的控制谈话的内容与时间。这种访谈的好处是调查人员会发现被调查人员在正式交谈中不会给出的回答，不足是费时且易受采访者个人的影响等。正式访谈与非正式访谈相反，二者可以结合起来运用。如先用非正式交谈的方式搞小规模预查，然后在此基础上进行正式访谈。

②集体访谈。集体访谈是由调查者邀请有关人员聚集在一起后提出问题，由与会者发言、调查者记录的访谈方式。

正式访谈前，访谈者要根据收集的评价信息中分析出的需要确定访谈目的与访谈对象，准备好访谈问题。访谈要在安静、不受打扰的地点进行。访谈时，访谈者要创造轻松的气氛，不轻易打断被访者的发言，使被访者能畅所欲言。访谈者要做好发言记录。

集体访谈的优点是可以同时访谈多人，被访者的发言可以相互启发,因而可以多从侧面采集信息。其弊病是对于敏感问题,一些人可能不愿公开讨论,这限制了信息收集的深度。此外,个别被访者的身份、地位、喜好以及是否习惯于在公开场合讲话的个人特点可能会对访谈内容的导向起支配作用。

3. 调查法中的抽样问题

以上所述的调查法依据调查对象的数量又可以分为全员调查与抽样调查。

全员调查指对被评对象所有成员进行调查的方法。

抽样调查指抽取被评对象中部分成员(样本)进行调查,以样本调查的结果推断总体情况的方法。抽样调查是当前最为广泛的调查方法。而抽样调查的关键在于怎样选择样本以使样本对总体的推断性高。

选择样本的基本要求是要使样本具有代表性和典型性。为了使抽取的样本具有代表性和典型性,抽样常采用以下四种方法:

(1)简单随机抽样

即总体中每一个个体被抽取作为样本的机会是均等的。简单随机抽样的方法有抽签和随机数目表两种。抽签,即将总体中每一个个体编号,制成签,随机抽取一定数目的个体为样本。随机数目表即将总体人员数量的位数断开,将总体人员由 1 至末编号进行随机抽样。

当总体异质性不大且样本较小时常采用简单随机抽样方法获得样本。

(2)等距抽样

等距抽样又称“系统抽样”或“机械抽样”。它是将评价总体中所有对象按一定顺序排列(或利用现成的序号,如学号),每隔一定的间隔(如 5 人或 10 人)抽取一个对象而获得样本的方法。抽取的样本在总体中的分布中十分均匀。其显著的优点是抽样极其方便,适宜现场操作。其缺点是无法得到无偏方差估计量。

等距抽样适合于总体差异不大而且样本较小的情况。

(3)分层抽样

分层抽样又称"类型抽样"或"分类抽样"。它是先将被评对象总体按某些特性或属性分成几个不同的层次或类型,再从各层中分别随机抽取适当样本的一种抽样方法。当总体数目较大、内部结构复杂时,分层抽样比简单随机抽样和等距抽样更容易获得有代表性的调查样本,进而得到比较准确的、令人满意的推断结果。

(4)整群抽样

它是指以整群为单位而不是以个体为单位抽取样本的方法。整群抽样的优点是在大规模的调查中可节省人力、物力和财力;缺点是由于不同群体之间的差异较大,其引起的抽样误差往往大于简单随机抽样。

(三)文献资料法

在评价中,评价人员除了要获得第一手资料外,还要经常利用已有的文献、档案等现成的资料进行分析,进而作出判断。因此,文献资料法也是评价者收集信息的重要方法。

文献资料法是指通过查阅与评价对象有关的文字记载材料,将材料加以整理统计,获得定量或定性的信息,以收集评价资料的方法。

教学评价常用的文献资料主要有以下几种:

(1)学校有关档案、校历、会议纪要等

(2)课程计划和教学档案等

(3)学校各项管理制度及学生管理文件等

(4)课题及研究成果

包括教师申报和承担的课题,完成的论著、论文、调查报告、制作的课件以及教师与学生创作的作品及各种奖励证书等。

(5)学生的作业、试卷和练习册等

教学评价文献资料信息的查阅可通过网络、各地教育行政部门、各校行政办公室及教导处等途径进行。查阅文献时,可根据评价内容查阅相关文献,也可以以几种文献相互印证,或将文献资料法与其他收集信息的方法结合使用。

文献法的好处在于:首先,不受时空的限制,评价者可以通过文献了解不能亲自获得的材料。其次,在运用文献资料法的过程中没有反应性问题,消除了被调查对象在访谈和观察时可能出现的掩饰或改变行为等问题,文献也不会因评价者的主观偏见而改变。最后,文献资料法可以扩大评价人员的视野,对评价目标进行更全面的分析与概括,而且可以随时查询和摘录,费用不高,可克服评价者亲自调查的局限性。但文献资料法也有不足之处,由于现有的文献资料并不是为评价而特意准备的,具有不完全性,因此它不能满足评价者的特定需要,而且原始材料可能带有原记录者的个人偏见和虚假成分,需要评价者认真核实甄别。因此,要获得真实的信息还需要不拘泥于形式,以发展的眼光看问题。

(四)测量法

测量是教学评价中最常用的一种收集信息的方法。特别是在收集学生信息时,常用的就是测量法。测量是怎么回事、有哪些具体的测量方法、顺序如何等问题,前面已有叙述,此不赘述。

其他还有听报告法、看录像法、间接了解法等方法。这些都比较简单,不多述。

三、评价信息的处理

评价信息的采集工作结束之后,下一步就是评价信息的处理。信息处理的基本步骤是:统计、分析、评判和反馈。

(一)统计

统计是对通过各种方法和渠道获得的信息进行归纳、概括、数字转换(有必要的话)、计算和画图等。

1. 数字转换

数字转换是按照一定的标准将各种信息进行赋值，转换成数字形式。比如对于学生的作业情况进行评分。

2. 计算

计算是计算各种需要的数据，比如总分、平均分、方差、标准差等等。这些在前面都已经提及，不再赘述。

3. 画图

画图是将上述过程得到的数据绘制成相关图形，以便获得直观信息和进一步分析。

这里常使用的图形有散点图、折线图、条形图、直方图、柱形图和圆形图（π 图、饼图、扇形图）等。

散点图可以比较直观地看出数据的分布情况；折线图能方便看出数据的变化趋势；条形图和柱形图可以比较直观地看出不同数据之间的差别；圆形图可以比较清楚地看出不同数据的百分比。因此，这些图形可根据不同的目的有针对性地选择和使用。

（二）分析

分析是在统计的基础上，对各种信息进行分析的过程。分析有对非数字材料的分析和对数字材料的分析。对非数字材料的分析主要有录像、语音、照片和各种档案的分析；对数字的分析常用的有差异分析、相关分析、回归分析和聚类分析等。

数字分析中，差异分析是对不同的对象进行的差异方面的分析，比如有没有差异、差异是否明显、差异有多大等；相关分析即是对不同对象之间是否相关联进行的分析，旨在获得二者之间的因果倾向性；回归分析是对不同对象之间函数关系的分析，比如有没有函数关系、成什么函数关系、关系多大、成什么样的函数等；聚类分析是对多个对象根据一定的标准进行分类方面的分析，比如根据数学学习成绩将一个班的学生分为几类，并确定学生所处的类别。

（三）评判

评判是根据前面的统计和分析，对评价对象的特点、过程或价值等进行评定和判别的过程。

评判的方法主要有两种：一是定性评判法，二是定量评判法。

1. 定性评判法

定性评判法也叫“定性描述法”，主要是根据一定的要求和标准，依据相关材料，通过语言文字描述对象的情况。

定性评判法又分为三种具体的方法：等级评判法、评语法和写实分析法。

（1）等级评判法

等级评判法是根据前面的统计和分析及一定的标准，将评价对象分成一定的等级的评判方法。比如优、良、中、差；合格、不合格；上、中、下等。

（2）评语法

评语法是用语言文字给出评判结果的方法。这种方法简单易行，用得非常多。它的优点是结论一目了然，且内容全面，能解决定量方法中许多没有给出的内容；缺点是不够精确，不能作出优劣判断，常常掺杂主观因素。

（3）写实分析法

写实分析法是根据一定的标准和要求对评价对象进行较为详细的描述和分析，并给出恰当的评判的方法。这种方法给出的结果不仅有评语，而且还有事实材料，对事实材料的描述、统计和分析以及作出评判的标准等，类似医生看病之后写的一个详细报告。

2. 定量评判法

定量评判法是结合统计和分析数据给出评判的方法。

结合数据统计方法指的是前面所讲的统计方法，比如求平均分、总分、加权求和、标准分等等；结合数据分析是将数据分析与前面所提及的定性判断法相结合的方法。

除此之外还有一种直接帮助作出判断的数据分析方法，称为“模糊评判法”。这种方法是将模糊数学的知识用于评判过程，得出相关结论的方法。

这种方法的步骤是：

(1)确定评判因素集合

评判因素集合是最末级的评价指标集合。比如数学课堂教学质量评价分成的五个末级评价指标：教学组织、教学内容、教学方法、教学手段、教学效果。

(2)确定因素权重

确定因素权重是给上述指标集合中的指标分配权重。比如给上述关于课堂教学的五个指标分别制订权重为：0.2，0.3，0.2，0.1，0.2。

(3)确定评价等级

确定评价等级是指确定最后评价的等级数目。比如合格、不合格两个等级；优、良、中、差四个等级。

(4)建立数据矩阵

建立数据矩阵是指根据收集到的信息和上述指标与等级建立一个数据矩阵。

比如上述数学课堂教学质量评价工作，在收集信息之后，经过统计发现结果如表 5-8 所示(不论多少人数)。

表 5-8　　数学课堂教学质量评价结果

确定人数(百分数)	优秀	良好	一般	差
教学组织	40	25	10	0
教学内容	60	30	10	0
教学方法	10	20	60	10
教学手段	10	20	50	20
教学效果	10	30	20	20

这样，根据表中数据即可建立如下的一个矩阵：

$$R=(r_{ij})_{5\times4}=\begin{pmatrix}0.4 & 0.25 & 0.1 & 0\\ 0.6 & 0.3 & 0.1 & 0\\ 0.1 & 0.2 & 0.6 & 0.1\\ 0.1 & 0.2 & 0.5 & 0.2\\ 0.1 & 0.3 & 0.2 & 0.2\end{pmatrix}$$

就是把百分数变成小数。

(5)选择评判模型

就是从常用的模糊计算公式中选择其中的一种。

常用的模糊计算模型主要有四种：

A. $M(\wedge,\vee)$型，$b_j=\vee(a_i\wedge r_{ij})$

其中，a_i 是各个指标的权重，b_j 是最后的计算数值，符号 $\wedge$ 表示二者取最小，符号 $\vee$ 表示二者取最大。

B. $M(\wedge,\cdot)$型，$b_j=\vee(a_i\cdot r_{ij})$

中间小点是相乘运算符号。

C. $M(\wedge,+)$ 型，$b_j=\sum_{j=1}^{n}(a_i\wedge r_{ij})$

D. $M(\cdot,+)$ 型，$b_j=\sum_{j=1}^{n}(a_i\cdot r_{ij})$

一般选择第一种，但在第一种不明显的时候则换成另外一种。

计算不明显这一概念，我们将在后面的内容中讲述。

(6)运用模型计算

运用模型计算即根据“最大隶属度原则”选取数据，获得结果。

最大隶属度原则就是在最后的 b_j 中选取大的。可利用的公式为：$v=\vee b_j$。

如果这个计算过程中出现两个相同的数值 b_j，则可换成另外一种模式进行计算。比如上述关于数学课堂教学质量的评价，(5)和(6)即是如下过程：

在上述四个模式中选择一个，比如选 A 模型，下面进行计算：

$$B=W\times R=(0.2,0.3,0.2,0.1,0.2)\times\begin{pmatrix}0.4&0.25&0.1&0\\0.6&0.3&0.1&0\\0.1&0.2&0.6&0.1\\0.1&0.2&0.5&0.2\\0.1&0.3&0.2&0.2\end{pmatrix}$$

这样，$b_1=(0.2\wedge 0.4)\vee(0.3\wedge 0.6)\vee\cdots=0.3,\cdots$

所以，$B=(0.3,0.3,0.2,0.2)$

这就说明，有 30%的评价者认为本次课是优秀的，有 30%的评价者认为是良好的，20%的人认为是一般的，20%的人认为是差的。

这样根据最大隶属度原则，则无法判断本次课到底是优秀还是良好。所以，换一种计算模式再算一次。比如换成模式 D 计算。

这个时候就是 $b_1=(0.2\times 0.4)+(0.3\times 0.6)+\cdots=0.35,\cdots$

$$B=(0.35,0.31,0.26,0.08)$$

这样，认为本次课优秀的就变成了 35%，良好的就变成了 31%，一般的就变成了 26%，差的就变成了 8%。

因此，利用模糊评判法的最大隶属度原则综合评价本次课的结果是本次课是优秀的。

（四）评价信息的反馈

教学评价的主要功能是改进教学工作，这样就需要评价信息的反馈。

评价信息的反馈包括以下几个方面：

一是向评价者反馈，目的是使评价者进一步总结评价工作的经验教训，进一步提高评价工作质量。

二是向被评对象反馈，目的主要是引导、激励被评对象不断改进教学工作，不断完善自己。

三是向教育部门或其他有关部门反馈。目的主要是为他们提供决策依据，提高行政管理效率，帮助提高科学决策水平。

反馈评价信息的方式有多种，如个别交谈、汇报会、座谈会、书面报告等。评价者可以从实际出发，根据不同情况采用适当的方式。

在反馈评价信息时，为使教学评价信息的反馈收到最佳效果，反馈时应注意的问题如下：

1. 反馈前要检验评价结果的可信度

评价者应保证评价结果的客观性、准确性和科学性，不客观的评价结果在反馈后不仅不会对工作起促进作用，反而会妨碍工作的开展。

检验评价结果可信度的方法前面已经提及，此不赘述。

2. 反馈要及时

评价的主要目的在于改进工作，促进发展，因此评价必须反馈且反馈必须及时，不反馈或滞后反馈会大大降低评价的作用。因为任何评价都是在一定时间一定条件下的评价，时间久了必定会发生变化，使评价结果效力降低。

这就需要在反馈信息的时候注意简化反馈手续、缩短反馈步骤等。

3. 反馈信息要全面、准确和客观

教学评价结果具有多方面的作用和功能，另外，教学评价活动也是一项复杂的活动，从准备、实施到结果处理，这一系列的工作要付出大量的人力、物力和财力，目的都是为了得到被评对象的可靠信息，使与评价有关的当事人了解被评对象的状况，以便指导和改进被评对象的工作。因此，应全面、准确地向当事人反馈评价结果及有关情况的分析，不能只给笼统结论，更不能含糊不清地反馈信息，使被评对象无所适从。另外，为了保证反馈信息的最大功效，反馈过程中还要保持客观，实事求是，不能随意增加主观因素，影响评价效果。

4. 反馈方式应灵活多样

根据听取反馈信息的人员特点，对于不同的对象应采取不同的反馈方式，以便取得更好的效果。如对全体教职工、对学校评价结果的反馈，可采取会议的方式进行反馈，评价得到的成绩、问题、结论及问题的改进要求、期限等都可在会上公布；对部分人员可采用座谈讨论的方式反馈；对个人则可采取个别谈话的方式反馈。此外，对不同性格的被评者可采取不同的反馈方式反馈同一类问题。

5. 反馈过程中应注意处理不良的心理反应

不同的人面对反馈的评价结果也许会产生多种不同的心理反应或赞同、认可或批评、挑剔和否定等。为使评价结果能更好地促进工作，评价者应充分认识到各种可能，妥善处理好这个过程中各种不良的心理反应。在向被评价者反馈评价信息的时候，如果遭遇评价者的激烈反对或否定，要有较好的对策，保证信息反馈的顺利进行。

第三节　中小学课堂教学评价
——基于数学学科的分析

课堂教学是中小学教学的主阵地，课堂教学评价历来是中小学教学评价关注的重要课题。中小学课堂教学评价是诊断、调节、引导课堂教学的重要工具。作为教师，掌握中小学课堂教学评价有关内容，对于改进教学、转变教学观念、提升自身素养具有重要意义。本节将从概念、评价指标和权重、方法与过程、原则、存在的问题及对策等几个方面对我国中小学课堂教学评价作详细的阐述，还将从国内延伸到国外，介绍国外的课堂教学评价，并进一步探讨当今中小学课堂教学评价的发展趋势。

一、我国中小学课堂教学评价分析

（一）概念界定

1. 中小学课堂教学

简单地说，中小学课堂教学即是在中小学课堂中展开的教学。它以一定的教学内容为基础，以一定的教学方法为手段，在比较固定的地方和时间内，主要由教师引导学生学习和掌握国家课程标准规定的知识和技能，培养和发展学生的能力，帮助学生形成良好的素养和品质。

这个过程是一个双向活动的过程，是一个在教师的引导下进行的特殊认识过程。由此，在这个过程中，教师是主导，学生是主体。教师、学生和教学内容（教材）构成教学的三要素。

2. 中小学教学评价

基于上述认识，中小学教学评价，简单地说，就是对教师指导或引导学生进行的学习活动的评价。详细来说即是以教学目标为依据，以有关教学理论、理念为准绳，运用可操作的科学手段，对教师教学过程中的诸方面进行价值判断的一种活动。

3. 学科教学评价的内容

学科教学评价的内容有很多，如学生的学习、教材的使用等，但重点在教师的教学。

教师的教学也可以分为很多方面，如课前准备、课堂教学和课下辅导等。因为课堂教学是学科教学的主要活动，因此，对教师的教学评价重点在课堂教学评价上。

4. 课堂教学

课堂教学即是教师在课堂进行的学科教学，其特点是地点确定、时间比较固定、每次教学内容较少、教学目标比较明确，在教学过程中教师运用一定的方法指导或引导学生学习，是学生学科知识学习和学科能力形成的主要途径。课堂教学主要包括教师的教和学生的学两个方面。

因此,我国的课堂教学评价多数主要以上述几个方面为目标进行评价,即教学目标(目的)、教学内容、教学方法、教学过程、教学基本功和教学效果。

教学目标是教学过程中由教师设定的要求教学之后学生在知识、行为、能力或情感等方面达到的要求。

教学内容是教学中由教师围绕着教学目标选定的教学中使用的学科知识,比如学科概念、学科公式、学科例题、学科图形、练习题和作业题等。

教学方法是教学过程中教师为了达到教学目标而选择或制定的相应的实际操作办法。如讲授法、谈话法、讨论法等。

教学过程是教师讲授知识和指导学生学习的双向活动的过程。

教师教学基本功是教师在教学过程中表现出来的学科教学技能水平。如写板书的技能水平、讲解的技能水平、教具的使用技能水平等。

教学效果是学生在教学之后的反应情况。比如对老师讲授的概念和公式的理解程度、解决相关问题的熟练程度、学习是否愉快等。

除此之外,有的评价内容还包括学生行为、教师特色、教学手段(特别是信息技术手段)的运用等。是否包括这些方面,主要还是看评价者的评价目的和理念。

(二)课堂教学评价指标和权重

课堂教学评价的一级指标一般是上述几个方面,之下一般还要分二级指标。学科教学是一个由教师、学生和教学内容等多个因素融合的过程,这个过程中少有独立的方面,因此,分得越详细越容易准确地把握其真实情况。

课堂教学评价的二级指标一般是由一级指标包含的内容来确

定的。确定的方法如前面所讲。

二级指标确定之后,一般不再细分。这是由于教学过程具有复杂性,再细分不容易观察。

学科指标权重的分配方法有很多,但当前使用最多的是专家咨询法,即请专家根据评价的目的来分配权重。

各课堂教学指标虽然都很重要,但由于评价目的的不同,在分配权重的时候往往有所偏重。比如旨在考查教师教学方法的评价会增大教学方法的权重;旨在考察教师教学基本功的评价就会为教学基本功设置比较大的权重。

表5-9～表5-11列出了我国在课堂教学评价中常用的几种指标权重的分配方法。

表 5-9　　课堂教学评价表 1

一级评价指标	一级权重	二级评价指标	二级权重	分数等级				得分	权重分数
				A	B	C	D		
A1 教学目标	0.10	B1 教学任务明确	0.40						
		B2 教学要求恰当	0.60						
A2 教材处理	0.30	B3 认知准备充分	0.15						
		B4 教学内容科学严谨	0.15						
		B5 教学过程安排合理	0.15						
		B6 重点、难点处理得当	0.15						
		B7 知识传递与能力培养有机结合	0.20						
		B8 展现数学思维过程	0.20						
A3 教学方法	0.30	B9 因课因人制宜、选择合理	0.30						
		B10 贯彻启发式教学原则	0.50						
		B11 面向全体学生	0.20						
A4 教学技能	0.20	B12 教学态度自然、大方	0.20						
		B13 语言表达准确	0.40						
		B14 板书、绘图规范	0.40						
A5 教学效果	0.10	B15 学生群体参与程度高	0.40						
		B16 教学目标达成度高	0.60						

表 5-10　　课堂教学评价表 2

一级指标	二级指标	评价等级				打分				
		A	B	C	D	1	2	3	4	5
教学目标(10)	1. 预设目标明确、具体、全面,符合课标要求和学生实际	5	4	3	2					
	2. 教学过程围绕目标展开,并始终关注教学目标的达成	5	4	3	2					
教学重难点(15)	3. 教学重难点确定得当	5	4	3	2					
	4. 重点突出,把主要精力放在关键性问题的解决上	5	4	3	2					
	5. 难点分散,突破措施有效	5	4	3	2					
内容处理(25)	6. 教学内容系统完整,教材处理(包括素材的调整、取舍、补充等)适当	5	4	3	2					
	7. 教学起点选择得当,前后衔接自然,教学思路清晰	5	4	3	2					
	8. 能准确表达定理的条件和结论,揭示命题之间的逻辑联系	5	4	3	2					
	9. 合理展现定理的发现过程和证明过程,逻辑推导正确规范	5	4	3	2					
	10. 注重数学思想及方法的渗透、归纳与提炼,增进学生对数学的理解	5	4	3	2					

续表

一级指标	二级指标	评价等级				打分				
		A	B	C	D	1	2	3	4	5
教学方法(20)	11. 尊重学生的主体地位,注重启发交流与反思,教学情境能激发学生的动机与兴趣	5	4	3	2					
	12. 采用变式教学,注重思维训练;问题串设计合理,能引起学生积极主动地思考	5	4	3	2					
	13. 面向全体组织教学,注重课堂信息反馈与调节,能灵活驾驭课堂	5	4	3	2					
	14. 根据教学任务及学生学习需要,选择恰当的教学媒体	5	4	3	2					
教学效果(15)	15. 课堂气氛和谐,学生精力集中、思维活跃	5	4	3	2					
	16. 教学节奏紧凑,时间安排恰当	5	4	3	2					
	17. 教学目标达成度高	5	4	3	2					
教师基本功(15)	18. 普通话规范,语言简练流畅、富有感染力	5	4	3	2					
	19. 板书正确、工整、美观,布局合理,设计醒目	5	4	3	2					
	20. 教态亲切自然大方,富有激情与活力	5	4	3	2					
其他			总分							
			等级							

表 5-11　课堂教学评价表 3

课题			等级(分值)			
A 指标	B 指标	C 指标	优	良	中	差
教学设计(25)	教学目标(10)	1. 符合学科课程标准、教材要求及学生实际 2. 明确、合理、具体、可操作性强，难易控制好	9～10	8	6～7	3～5
	教学内容与过程(10)	1. 教学内容处理科学，学生学习活动所需要的各种相关材料与导学案准备充足，质量高，针对性强 2. 教学过程各环节设计恰当，符合学生的认知规律和教学实际，教学环境的创设既有利于学生身心健康，又有利于教学目标的实现	9～10	8	6～7	3～5
	教学方法与手段(5)	1. 教学方法科学灵活，新颖实用 2. 充分运用现代教学手段，恰当、形象、直观、生动 3. 重视实验教学，既培养学生动手动脑、独立操作和观察的能力，又提高他们的学习兴趣，培养其严谨的科学态度	5	4	3	2

续表

课题			等级(分值)			
A 指标	B 指标	C 指标	优	良	中	差
教学实施(50)	学习活动的指导与调控(20)	1. 对学生的学习活动进行针对性的指导,既面向全体学生,又注意个体差异、因材施教 2. 根据教学实际创设恰当的问题情境,及时采用积极、多样的评价方式,充分调动学生学习的积极性 3. 能够根据反馈信息对教学内容、教学难度进行合理调整,恰当处理突发情况 4. 课堂学习活动科学、有效,既注重教学目标的达成,又重视学生良好学习习惯的培养	18～20	6～17	12～15	6～11
	学生活动(20)	1. 学生参与教学活动态度积极,热情高、思维积极,自主学习的意识强、效果好 2. 课堂气氛活跃、有序,师生、生生交流平等、积极 3. 全班不同层面的学生都参与学习的全过程,并进行有效的合作、探究、交流 4. 学习内容、感受体验由浅入深,学生敢于质疑问难	18～20	16～17	12～15	6～11

续表

课题			等级(分值)			
A 指标	B 指标	C 指标	优	良	中	差
教学实施(50)	教师素养(10)	1. 具有优良的专业素养,水平过硬,教学理念先进,教学方法科学,教学基本功扎实 2. 教学态度认真、积极、民主,课堂情绪饱满,师生关系和谐	9～10	8	6～7	3～5
教学效果(25)	三维目标达成度(25)	1. 绝大多数学生学习积极主动,双基扎实,学习目标达成度高 2. 绝大多数学生在学习和解决问题过程中都能形成一定的能力和方法,学生学习习惯好,学习能力强 3. 学生的情感、态度,价值观等方面得到相应的发展,有进一步学习的良好愿望,能初步形成对事物正确的价值判断	20～25	15～19	10～14	5～9

不同的评价目标，其指标体系和权重分配也不同。第一种和第二种指标和权重分配中，教材处理和教学方法占的权重较大，但是指标体系的分配却有较大的差异。相比较之下，第二种比第一种更加详细一些，利于评价者的把握与考查；而第三种不论是从教学设计，教学实施还是教学效果方面，更关注学生在教学活动中的表现和成长。

(三)课堂教学评价方法和过程

课堂评价方法主要有调查法和测量法，调查法又包括观察法、访谈法、问卷调查法等。这两种方法使用最多的还是测量法。所谓测量法就是利用上述样式的量表来进行测量的方法。

利用测量的方法来进行课堂教学评价的过程如前所述，首先要组织人员分工、制订评价标准和权重；其次是评价人员进课堂听课，并根据课堂情况给教师的教学打分；第三归纳总结，得出评价结论，并反馈相关人员。

(四)课堂教学评价原则

课堂教学评价对于指导教师的课堂教学有着重要作用，因此目前非常重视课堂教学评价原则的制订和遵循。

目前关于课堂教学评价的原则如下：

1. 评价应具有多元性、全面性和整体性

我国指定的课程标准在“评价建议”的部分中，明确提出了课堂评价要坚持多元性、全面性和整体性。如义务教育语文课程标准中所描述的评价方式中提到，课堂评价应注意将教师的评价、学生的自我评价及学生之间的相互评价相结合，加强学生的自我评价与相互评价，促进学生主动学习，自我反思。评价要理解和尊重学生的自我评价和相互评价。要尊重学生的个体差异，有利于每个学生的健康发展。根据需要，可让学生家长、社区、专业人员等适当参与评价活动，争取社会对学生语文学习的更多关注与支持。① 随着基础教育课程改革的推进，多元化评价成为课堂教学评价必然的发展趋势。

2. 评价应重视以人为本和以发展为目的的原则

以人为本是科学发展观的核心，是时代发展的要求，也是时代进步的体现。以人为本的科学发展观体现在教育上，就是树立人的全面发展的观念，促进学生的个性化发展。课堂教学评价既要坚持以人为本的学生观，也要着眼于学生的终身发展。

3. 评价应以促进师生共同成长为中心

课堂教学评价的最终目的是促进教学的改进、学生的身心发展。过去的课堂评价在理念上往往是单方面的：或是教师对学生进行评价，学生只是作为被动的评价对象；或是管理部门对教师进行评价，教师只是作为被动的评价对象。② 1984 年，美国评价专家古巴和林肯出版了名为《第四代教学评价》的专著，提出了第四代教学评价的基本理论，指出评价是评价者与被评价者之间相互学习、彼此为师、共同建构、共同发展的过程。③ 课堂教学评价坚持以师生共同成长为中心的原则是现代教学评价发展的应有之义。

4. 评价应易于掌握和操作

评价者选择的课堂教学评价方法、模式、指标体系等，应该是易于掌握和操作的，这样既有助于评价者顺利进行评价，又节省人力、物力和财力，保证评价结果的时效性。

---

① 参见教育部：《义务教育语文课程标准》，北京师范大学出版社 2011 年版，第 26 页。

② 参见杨向东、崔允漷：《课堂评价：促进学生的学习和发展》，华东师范大学出版社 2012 年版，第 102 页。

③ 参见[美]H. J. 沃尔博格：《教育大百科全书：教学评价》，张莉莉审译，西南师范大学出版社 2011 年版，第 61 页。

(五)课堂教学评价存在的问题

自我国推广素质教育以来,课堂教学评价改革取得了突破性的进展,但在真正的实施过程中还是有很多不尽如人意的地方。究其原因有很多方面,如升学考试制度的束缚、评价工作的形式化、社会的制约等,这些原因主要带来以下几个问题:

1. 课堂教学评价理念存在误读现象

与传统课堂教学评价相比,新课程改革背景下的课堂教学评价理念,强调评价的发展性、激励性、多元性。评价的最根本功能是甄别。[①] 但由于传统教育观念、考试制度、社会制约等方面的影响,评价的甄别功能被冠以束缚学生个性化发展的"帽子"。实际上,课堂教学评价强调发展性、激励性、多元性等"以学生为本"的理念,但并不忽视评价的甄别性,"看到差距才会有前进的动力",如果忽视甄别性,课堂教学评价会陷入盲目性评价,这是十分值得评价者关注的。

2. 课堂教学评价主体的多元化问题

如今的课堂教学评价,一改过去专家独断的局面,评价的主体更多元,既有专家,又有老师、学生、家长以及其他教育工作者等,但评价主体的多元化并不意味着评价主体在评价面前的"地位平等"。为确保教学评价结果的真实性和有效性,评价人员的选择必须是经过慎重考虑的。课堂教学评价的不同目的,要求不同的人员参与。因此,对课堂教学评价的"主体"的选择应根据实际情况进行最优化的安排。

3. 课堂教学评价内容单一

课堂教学评价内容的单一主要体现在:课堂教学评价中更关注的是教师的表现,忽视学生的课堂表现和对师生共同作用的评价;更关注对智育的评价,忽视对学生情感的评价。

---

① 参见从立新:《评价的改革与反思》,载《教育科学研究》2003年第12期。

4. 课堂教学评价方法对量化评价"情有独钟"

新的课堂教学评价方式层出不穷，但是量化评价仍然占据了主导地位。量化评价具有简明、易操作的特点，但量化评价并不是万能的，也存在很多弊端。比如对于学生非智力因素的发展，运用量化的方式就不能作出准确的判断。为给学生的发展作出全面公正的评价，新的评价方法，如表现性评价、描述性评价、档案袋评价等，应该引入到课堂教学评价中。

二、国外中小学课堂教学评价分析

国外的教学评价观念与我国的不甚相同。以美国为例，美国在教学评价领域处于领头羊的地位，我国很多教学评价的理念、方法、模式等都受到美国的影响。但是，在教学评价的重点和指标体系方面，中美两国还是存在很大的差异的。原因有很多，如中国课堂教学以知识为本位，美国课堂教学以问题为本位；中国课堂教学更强调教师的引导作用，美国课堂教学更强调学生的自主探究；中国课堂教学更显程式化，美国的课堂教学倾向于动态生成等。

以下介绍几种国外比较有影响的课堂教学评价方案，如 ITC-COP 评价方案、RYOP 评价方案、"任务-环境-讨论"三因素评价方案等。

(一)ITC-COP 评价方案

ITC-COP 评价方案是 Inside the Classroom Observation and Analytic Protocol 的简称。这是美国"零点研究中心"开发的一个数学课堂教学评价方案，在美国教学界非常流行。

该方案一共分三个部分。

第一部分包括：①教师、科目、学生的基本信息；②教学的目的；③教学等级指标；④教学时间及教学活动的分配；⑤课堂综合性评价；⑥课堂描述和说明。

第二部分包括：①影响教学的因素，其中考虑了可能影响课堂教学的外部因素，如教育政策、学校环境、教学资料、学生与教师特征等许多因素；②说明这些影响因素之间的相互关系，并指出决定课堂教学和设计的重要因素。

第三部分是对前两个部分评价的综合，要求评价者简要概括课堂教学状况，综合性地评价课堂教学质量的水平，以及提供额外的信息和推荐意见。

特别要指出的是，在上述方案的第一部分中，教学等级指标又被划分为4类因素：设计、实施、内容和文化。每一类又规定了若干具体指标，同时要求评价者以 Likert 型5点评判等级。其评价如表5-12所示。

表 5-12　　ITC-COP 教学等级指标

教学等级指标	描　述
设计	教学设计的任务、作用以及互动和探究数学的目的相一致
	教学设计能反映教师的精心准备
	教学策略和教学活动能关注学生已有的知识经验和学习方式
	教学策略和教学活动能体现教学的平等性和因材施教
	教学的设计鼓励学生参与
	提供充分的时间和机会，促进学生的理解
	提供充分的时间和机会，用于概括总结

续表

教学等级指标	描　述
实施	教学的策略与探究数学的目的相一致
	教师显示出很高的自信心
	教师的课堂管理水平和策略有利于提高教学的质量
	教学的节奏和发展学生能力以及实现教学目标相一致
	教师能根据学生的理解水平调整教学
	教师的提问方式有利于发展学生的概念理解和问题解决能力
内容	教学内容具有重要的意义
	教学内容和发展学生能力的目的相一致
	教师提供的教学内容是准确的
	学生积极参与数学的思考
	显示了教师对数学概念的理解
	数学知识的形成被看作是一个动态的过程，包含了猜想、证明、检验等过程
	体现数学的抽象性
	在数学知识之间形成联系，并把数学内容和其他学科以及现实世界相联系
	理解数学内容和发展学生能力的目的以及教学目标相一致

续表

教学等级指标	描　述
文化	鼓励积极参与
	营造尊重学生思想、启发智慧的气氛
	体现学生之间相互合作的关系
	体现师生相互协作的关系
	鼓励学生猜想、质疑,创造性地思考
	思维严谨、富于批判,形成具有挑战性的观念

由此看出,ITC-COP 评价方案综合考虑了数学课堂教学的多个方面,包括课堂教学的实施、课前的教学计划、教学资料以及影响课堂教学的因素。因此完成如上的评价需要花费评价者较多的时间和精力,同时要求评价者具有较高的专业素养,不太容易操作。为了改善这种状况,在接受上述评价方案信度的基础上也出现了一些简化评价方案,如 RTOP 方案。

(二)RTOP 评价方案

RTOP(Reformed Teaching Observation Protocol)是指向课堂教学改革状况的综合评价方案,也是当前美国教学常用的评价方案。

RTOP 评价方案主要有三个部分:基本信息、课堂信息和评价因素。

基本信息主要指教师、学校、观察时间。

课堂信息主要指课堂概况、课堂环境、课堂规模、性别比例等。

评价因素是评价方案的主要内容,分为教学设计与实施、命题性知识(propositional knowledge)、程序性知识(procedural knowledge)、交流互动、师生关系 5 个部分。每个部分又包含 5 个具体指标，每个指标按照 Likert 型 5 点判定等级。RTOP 评价如表 5-13 所示。

表 5-13　RTOP 方案的评价因素以及具体指标

<table>
<tr><th colspan="2">评价因素</th><th>指　标</th></tr>
<tr><td colspan="2" rowspan="5">教学设计与实施</td><td>教学的策略和活动是以学生已有的知识经验为基础的</td></tr>
<tr><td>教学的目的是让每一个学生成为课堂学习共同体的成员</td></tr>
<tr><td>学生在课堂中对知识的探究发生在教师正式讲解之前</td></tr>
<tr><td>课堂鼓励学生寻找多元的探究模式和解决问题的方法</td></tr>
<tr><td>课堂的焦点和方向经常由学生的思维来决定</td></tr>
<tr><td rowspan="10">内容</td><td rowspan="5">命题性知识</td><td>包括基本的概念</td></tr>
<tr><td>促进学生概念性的理解</td></tr>
<tr><td>教师精通所教的学科知识</td></tr>
<tr><td>强调知识的抽象性</td></tr>
<tr><td>探索与其他学科或现实世界的联系</td></tr>
<tr><td rowspan="5">程序性知识</td><td>学生使用不同的表征方式</td></tr>
<tr><td>学生经历猜想—验证的思维过程</td></tr>
<tr><td>学生参与高水平的思维活动或批判性的评价</td></tr>
<tr><td>学生反思他们的学习过程</td></tr>
<tr><td>强调思维的严谨、建设性的批判以及富有挑战性的思考</td></tr>
</table>

续表

评价因素		指　标
课堂文化	交流互动	学生使用各种方式交流他们的思想
		教师的问题引发了不同的思考
		学生的交流和讨论是课堂的主要活动
		学生的质疑和评论决定了课堂交流的焦点和方向
		创造尊重学生发言的课堂气氛
	师生关系	鼓励学生的参与
		鼓励学生形成猜想、产生不同的解题方法以及发表不同的见解
		教师对学生具有耐心
		教师作为资源的承载者，支持和促进学生的探究
		教师作为课堂的聆听者

RTOP课堂教学评价表具有较好的信度和结构效度，而且它的具体指标很符合我国当前课程改革所强调的自主、合作、探究的理念。但是RTOP课堂教学评价方案是“舶来品”，要想真正发挥作用，还需要评价者将其本土化，而且此方案并不是完美无缺的，还需要评价者运用智慧将其进一步完善。

（三）“任务—环境—讨论”三因素评价方案

这种方案包括教学任务（表征、动机、系列或难度水平）、学习环境（社会或学术气氛、教学方式及课堂管理）和讨论（师生互动、生生互动、提问）三部分内容。

这个评价方案主要用于职前教师的培养，帮助职前教师通过观察他人的课堂教学情况，反思自己的课堂教学并进行自我评价，促进职前教师提高课堂教学水平。其评价如表5-14所示。

表 5-14　　“任务-环境-讨论”三因素评价

	维　度	指标的描述
教学任务	表征的模式	恰当地使用符号、图表、学具、计算机、计算器等，促进学生对内容的正确理解；采用多种表征，促使学生将已有的知识和技能迁移到新的学习情境中
	激发动机的策略	提供能够激发学生好奇心的任务，鼓舞他们展开积极的学习猜想；兼顾学生兴趣和经验的差异；把学生的学习动机与课堂教学目标统一起来
	顺序(Sequencing)/难度	按照由易到难的顺序设计任务，由此加深学生对具体内容的理解；能促进他们把已有的知识和将要学习的知识联结起来；设计的任务应当在学生已经掌握的知识基础之上，以促进他们发展新的知识和技能
学习环境	社会/学术氛围	尊重学生的观点和思维方式，建立和保持积极和谐的课堂环境；严格执行课堂守则和规范，保证正常的课堂教学
	教学模式/步奏	采用鼓励和支持学生积极参与的教学策略，促使他们达到预定的学习目标；留给学生必要的时间，让他们发表自己的观点，探究问题
	常规管理	有效地组织和管理课堂，保证学生有充足的时间用于交流与探索问题

续表

	维　度	指标的描述
讨论	师—生互动	以亲和平等的态度与学生交流，鼓励每个学生都主动参与；要求学生给予完整的解释和说明，或者提供口头或书面的演示；仔细听取学生的想法，并决定何时提供信息和解释、何时进行示范和引导、何时让学生面对困难
	生—生互动	鼓励学生认真听取他人的回答，及时反馈交流，提出质疑，这有益于他们形成正确的评价，抛弃或修正自己的观点
	提问	提出不同水平、不同类型的问题，启发学生思考，并参与到学生的活动中去，不断挑战他们的思维

由上述可以看出，美国的课堂教学与我国的有很大不同。其更关注知识和问题的多元表征，以促进学生的理解；更关注课堂互动和学生的主动参与，以促进教师对学生学习的引导和指导；同时也非常重视课堂环境的设置，包括文化、方法和用具等，重视为学生制造比较好的学习氛围，以促进学生的学习。

第四节　国内外中小学数学能力的评价

中小学数学教学的一个重要目的就是培养和发展学生的数学能力，因而在日常教学中测量和评价学生的数学能力是一项重要的活动。

一、我国中小学数学能力的评价

(一)数学能力及其结构

1. 数学能力的概念

关于数学能力的说法有很多。现在一般认为数学能力是一种特殊能力,它是在数学活动中发展的,完成数学活动所具备的,直接影响数学活动效率的比较稳定的个性心理特征。

2. 数学能力的结构

数学能力的结构包含多个方面,如推理能力、记忆能力、计算能力等——不同的人有不同的看法。

我国数学教学大纲和新课程标准认为数学能力包括四个要素,即运算能力、空间想象能力、逻辑思维能力及分析问题解决实际问题的能力。这是国内目前关于数学能力结构最权威的解释。

(二)数学能力评价的内容与标准

基于对数学能力结构的理解,我国学者一般将对数学能力的测量与评价定义为对学生学习数学过程中所表现出来的运算能力、空间想象能力、逻辑思维能力、分析问题解决实际问题能力的程度和水平的评价。这样,数学能力评价的内容一般包括以下四个方面:

1. 运算能力

运算能力是学生在运算方面表现出来的能力,对它的评价主要包含计算技能和逻辑思维两个方面。对计算技能的评价标准包括以下几个方面:

(1)是否记住数学计算公式、法则,并能准确运用它们进行计算。

(2)是否能够应用概念、性质、定理进行有关的计算。

(3)计算时是否准确、迅速、合理。

(4)能否进行各种查表和使用计算器计算。

逻辑思维的评价标准包括以下几个方面：

(1)是否能够合理使用公式、法则。

(2)运算方法和运算过程是否简捷。

(3)能否进行自我检查、判断和纠正。

(4)能否进行连续性推理。

(5)能否进行“跳步计算”，简化运算过程。

(6)心算、速算、估算能力如何。

2. 空间想象能力

空间想象能力是学生在操作空间图形方面表现出来的能力。空间想象能力的评价标准主要有：

(1)能否在观察物体时抽去其他因素，想象与其相关的几何体。

(2)能否把观察到的几何体表示成数学语言。

(3)能否根据数学命题画出图形。

(4)能否将复杂的组合体或组合图形，分解成简单的几何体或简单的几何图形。

(5)能否将简单的几何体或简单的几何图形组合成要求的几何体或图形。

(6)能否根据数学符号、数学公式想象出相应的图形。

3. 逻辑思维能力

逻辑思维能力是学生在进行逻辑思维的时候表现出来的能力。这方面的标准主要有：

(1)能否按照问题的需要，对命题或数学图形进行全面的观摩。

(2)对观察的材料，能否进行科学的分析。

(3)能否将同类问题进行类比和比较，找出数学概念的异同点。

(4)能否进行数的抽象，即从现象中抽象出本质特征，从具体问题中抽象出数学模型。

(5)能否对同类问题进行数学的归纳、整理、系统化。

(6)是否具有综合概括能力,将抽象出来的数学规律概括为定律等。

4. 分析问题、解决问题能力

这一方面的评价标准有:

(1)是否会审题,能否将实际问题转化为数学问题,分析已知与未知的关系,建立数学模型。

(2)能否从已知出发探索结论,进行由因导果的分析,或从结论出发靠拢已知的执果索因的分析。

(3)是否会用简洁合理的数学思想和方法解决一类问题,同时通过问题的解决,获得解决此类问题的基本方法。

(4)能否进行一题多解,灵活运用所学知识创造性地解决问题。

(5)能否对成题进行改编,或者对常用的数学问题进行新编。

(三)对数学能力进行评价的方法

对数学能力进行评价的方法现在流行的很多,既有书面的也有口头的,既有通过课堂观察也有通过作业分析的方法。但最常用的还是测量法,即用测量试卷的方式来进行测量的方法。

用测量试卷进行测量主要有两种方法:一种是测量表法,一种是数学问题解决方法。

1. 测量表法

所谓测量表法即是先编制一个测量表,然后去测量学生的方法。

这种方法使用的测量表有很多,有自己编的,也有借鉴别人而来的。表 5-15 为一般比较常用的测量表。

表 5-15　　　　　　　　　数学能力测量表

一级指标	二级指标和权重	一级指标	二级指标和权重
运算能力	公式与法则的正确性 0.15	逻辑思维能力	科学的观察力 0.1
	运算过程的合理 0.2		对问题的分析力 0.2
	运算方法的简捷性 0.2		抽象与概括能力 0.15
	运算结果的准确性 0.45		比较与类比能力 0.15
空间想象能力	根据文字画出图形 0.3		推理能力 0.15
	由图形归纳为数学语言 0.3		综合能力 0.15
	将图形分解 0.2		创造性思维能力 0.1
	将图形组合 0.2	分析与解决问题的能力	审题能力 0.15
			将实际问题转化为数学问题的能力 0.15
			建立数学模型的能力 0.15
			解题思路与解题途径 0.25
			问题得到解决 0.3

2. 数学问题解决方法

所谓数学问题解决方法是根据学生的知识水平，出一些相关的题目，让学生解决，然后根据学生的解答来确定学生数学能力的方法，高考试卷就是个很好的例子。这种方法大家都很熟悉，故不再赘述。

3. 测量表法与数学问题解决方法优缺点的比较

以上两种方法各有优缺点。第一种方法比较合理，信度和效度都比较高，特别是效度。但编制测量卷和实际操作都比较困难。这种方法的实施常常需要多方面的观察、考查和分析等。

第二种方法无论在编制试题还是实际评价中都简单可行，操作简便。但比较粗糙，信度和效度都不是很高，特别是效度。因为这种测量方法常常包含学生对知识的理解和掌握，也常常受到学生当时状况的影响。

（四）数学能力测量的原则

关于数学能力测量与评价过程中要坚持的原则，不同的人给出了多个原则。

西北师范大学的孙明符教授主张方向性原则、积极性原则、实用性原则和可行性原则。

魏超群主张坚持的原则有：要求的统一性，过程的教育性，科学的全面性，实施的可测性。魏超群还详细解释了这些原则，他认为针对具体的数学能力评价，应该遵循如下原则：①整体性与层次性相结合的原则；②科学性与灵活性相结合的原则；③发展性与阶段性相结合的原则；④方向性与对比性相结合的原则；⑤直接性与间接性相结合的原则；⑥静态评价与动态评价相结合的原则；⑦定量评价与定性评价相结合的原则；⑧绝对评价与相对评价相结合的原则。[①]

二、国外关于中小学数学能力的评价

国外关于中小学数学能力的评价不一而足，下面对国外几个影响较大的数学能力评价作简要的分析。

（一）国际数学与科学评价项目（TIMSS）对数学能力的评价

TIMSS是The Third International Mathematics and Science Study的缩写。这个项目是由美国波士顿大学数学与科学评价项目组承担和研制的。其主要任务是研究如何测评学生在学校学习中展现出的数学能力和水平。这个项目关于数学能力的评价仍在

① 参见魏超群：《数学教育评价》，广西教育出版社1995年版，第52～58页。

不断地改进，下面是 2003 年项目组给出的关于数学能力的评价。

1. 数学能力评价内容

评价框架是从内容领域和认知领域两个维度给出的。内容领域包括数、代数（在四年级，代数内容领域叫作模式、等式和关系）、测量、几何、数据；认知领域包括再认事实性知识和程序性知识、运用概念、解决常规问题、推理。这两个领域的内容又包含许多具体的知识。如对于四年级的数学能力评价（以下都如此），其每一部分的具体知识如表 5-16 所示。

表 5-16　　内容领域

数	整数，分数和小数，比、比例、百分数
代数	模式，代数表达式，等式和公式，关系
测量	属性和单位，工具、方法和公式
几何	线和角，二维、三维图形，全等和相似，位置、空间关系，对称、变换
数据	数据的收集和组织，数据表达，数据解释，不确定性、可能性

表 5-17　　认知领域

再认事实性知识和程序性知识	回忆，认出/识别，计算，使用工具
运用概念	知道，分类，表示，明确表达，辨别
解决常规问题	选择，产生模型，解释，应用，证实/检查
推理	假设/猜想/预测，分析，评价，推广，联系，综合/整合，解决非常规问题，证明

2. 数学能力评价实施

以下以认知领域的评价为例，对数学能力评价的实施作具体介绍。

(1)再认事实性知识和程序性知识

这一方面从以下几方面进行考查:

①回忆:回忆定义、专业用语、单位、数的性质、平面图形的性质、数学的习惯表达。

②认出/识别:认出/识别数学本质——这些数学本质在数学上是等价的,也就是说,用来表示分数的图形的一部分相当于我们所熟悉的分数、小数和百分数;认出/识别简化的代数表达式;认出/识别不同方向的简单的几何图形。

③计算:知道"+""-""×""÷"以及它们的混合运算的运算顺序;知道对数进行近似比较的过程,对测量结果进行估计,解方程,求表达式和公式的值,通过一个给定的百分数来增大或减小一个数;将一个代数或数字表达式进行化简、分解因式或展开;合并同类项。

④使用工具:使用数学和测量工具;读刻度;画线、角,根据给定的说明画图;用直尺和圆规画一条线段的垂直平分线、角平分线、三角形、四边形,进行必要的测量。

(2)运用概念

这一维度从以下几方面进行考察:

①知道:知道长度、面积和体积在一定条件下是恒定不变的;能够对概念进行识别,如包含、排除、近似相等、表示法、证明、集合、数学关系、位值。

例如:判断当一张纸被切碎成小条后,面积比原来大、小、还是相等。(图形显示一张完整的纸,以及切碎后的纸)

②分类:根据共同的属性将物体、图形、数字、表达式、概念进行分类;能正确地将某一对象进行归类,并按某一属性进行排序。

例如:将三角形从一堆形状各异、边数不同的几何图形中挑选出来。

③表示:使用模型来表示数;用图形、表格、图表、坐标图等来

呈现数学信息或数据；能用等价表示法来表示给定的某种数学本质或关系。

例如：用图形的阴影部分表示一个给定的分数。

④明确表达：对于一个给定的方程或表达式，能够用问题或情境来进行解释。

例如：Jane 已经读完了一本书的 29 页，如果这本书一共有 87 页，在下面这个等式 87－____＝29 中，空格中的数字表示 Jane 接下来需要读的页数。创设另一个情境，使得个等式同样也适用。

⑤辨别：能够识别出那些可以根据给定的信息（如数据）解决的问题。

例如：给定一幅条形统计图，从一系列问题中，挑选出可以根据这幅图得到答案的问题。

(3)解决常规问题

这一维度从以下几方面进行考察：

①选择：选择/使用有效的方法或策略解决问题，而其中的算法规则或解决问题的方法是学生所知道的；选择适当的算法、公式、单位。

例如：一个班级要举办一个音乐会，班上的 28 名学生每个人都要卖出 7 张票，那么如何知道一共有多少张票？是用 28 除以 7，28 乘 7 还是 7 加 28？

②产生模型：用一个适当的模型如等式、图表，解决常规的问题。

③解释：对给定的数学模型（等式、图表等）进行解释；执行一系列的数学指令。

例如：给定一个不熟悉（但并不复杂）的图形或程序，你必须通过口头的指令告诉另一位同学，让他/她复制出这个图形。

④应用：应用事实、程序、概念等知识解决常规问题（包括现实生活中的问题），也就是说，问题与学生在课堂上可能遇见的问题

相似。

⑤证实/检查：能够证实/检查问题解决方法的正确性；评价问题解决方法的合理性。

例如：Mario 估计他们家某一房间的面积是 1300 平方米。他的估计合理吗？请解释。

(4)推理

这一维度从以下几方面进行考察：

①假设/猜想/预测：探求模式、讨论概念、提出模型、检查数据时作出合理的假设；详细说明结果(数、模式、量、变换，等等)，这些结果可能由某些运算或试验而得来。

例如：相邻素数是两个素数，在这两个数之间还有另一个自然数。因此 5 和 7，11 和 13，17 和 19 都是相邻素数。推测：位于相邻素数之间的数的特征。

②分析：在数学的情境下，决定、描述或运用变量或对象之间的关系；分析单变量统计数据；将几何图形进行分解以简化问题；对于一个给定的不熟悉的立方体能够描绘出它的本质；从给定的信息中作出有效的推断。

③评价：对数学思想、猜想、问题解决策略、方法、证明等进行讨论和批判性的评价。

例如：两个油漆工人用三罐油漆刷一堵围墙。随后，他们要用同样的油漆去刷另一堵类似的围墙，这堵围墙的长和宽都是原来的 2 倍。其中的一个油漆工说，他们所需用的油漆是原来的 2 倍。这名油漆工说得对吗？说出你的理由。

④推广：用一种更一般或更广泛的术语重新描述结果，使得数学思考和问题解决的结果具有一般性，以此来对结果进行推广。

例如：给定某一模式 1，4，7，…，将它们之间的关系描述出来，并指出接下来的数是什么，61 之后的数是什么。

⑤联系：将新的知识和已有的知识联系起来，将知识的不同元

素和相关的表示法联系起来，将相关的数学思想或对象联系起来。

例如：一个三角形 ABC，其中 AB＝3cm，BC＝4cm，CA＝5cm，这个三角形的面积是 $6cm^2$，$7.5cm^2$，$10cm^2$，还是 $12cm^2$？

⑥综合/整合：将数学过程进行整合，以获得结果；再将结果进行结合，以获得进一步的结果。

例如：解决问题，其关键的信息必须首先从表格中获得。

⑦解决非常规问题：解决纯数学问题或现实生活中的问题，而学生可能并没有遇见过与这样的问题相似的问题；将数学过程应用于不熟悉的情境中。

例如：在某个国家，人们这样表示数：11 写为△△Φ，42 写为□□ΦΦ，26 写为□△Φ。那么他们怎么表示 37？

⑧证明：根据数学结果或属性，证明某一行为的有效性以及某一陈述的真实性；用数学理由证明或反驳某一陈述，给出相关的信息。

例如：50＋30＝80。使用如下所示的线段来说明这个等式是正确的。

3. 数学能力评价内容比重

数学能力评价各个部分所占比例是不相同的，以四年级为例，其比例如表 5-18 所示。

表 5-18　四年级数学能力评价比例

数学内容领域	
数	40%
代数	15%
测量	20%
几何	15%
数据	10%

续表

数学认知领域	
再认事实性知识和程序性知识	20%
运用概念	20%
解决常规问题	40%
推理	20%

TIMSS关于数学能力的评价仍在不断改进，但主要的内容和方法如上所述。

（二）美国国家教育成就评价项目（NAEP）对数学能力的评价

NAEP是National Assessment of Educational Progress的缩写。该项目开始于20世纪中期，早期主要是对数学成就进行评价，后来逐步扩展到其他学科。

1. 评价内容

评价内容主要包含三个方面：

（1）基本知识

这里又分五个方面：一是数感、属性和操作；二是测量；三是几何和空间意识；四是数据分析、统计和概率；五是代数和函数。

（2）三种数学能力：一是概念理解能力；二是程序性知识；三是问题解决能力。

（3）数学素养：一是推理；二是联系；三是信息交流。

以上三个方面不是平行的，其关系如图5-1所示。

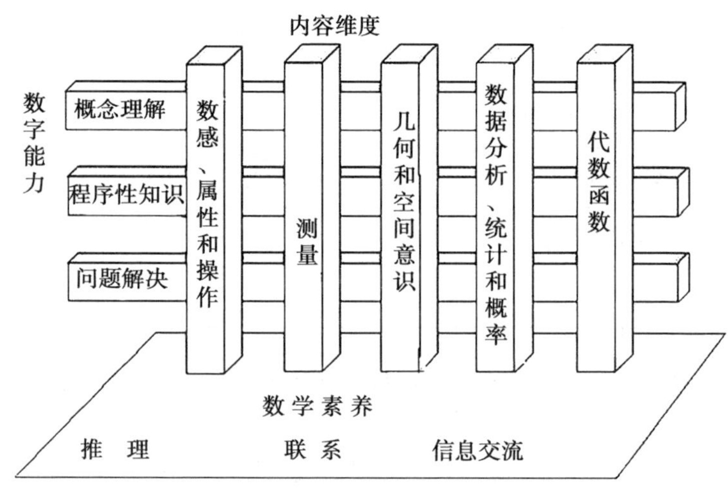

图 5-1 数学能力评价维度示意图

2. 具体实施的要求

各个年级在评价内容的三方面上所占的比例有所不同，其具体实施的要求也会有所不同。以四年级为例，其基础知识各部分的比例如表 5-19 所示。

表 5-19 四年级数学基础知识评价比例

四年级内容	1990 年、1992 年	1996 年、2000 年、2003 年
数感、属性和操作	45%	40%
测量	20%	20%
几何和空间意识	15%	15%
数据分析、统计和概率	10%	10%
代数和函数	10%	15%

其具体实施评价要求如表 5-20 所示。

表 5-20　　　　基础知识评价具体实施要求

基础	理解五个领域的基本概念和程序性知识 能够估计和利用基本事实完成简单的所有数的计算；表现对分数和小数的理解；解决简单的实数问题；虽然不总是很精确，但是会使用函数计算器、尺子和画图 对书面能力没有具体要求
精通	惯于运用综合性知识和在概念理解的基础上解决五个领域的问题 能使用所有的数估计、计算和决定其结果的合理性；对分数和小数有一个概念上的理解；能够解决现实生活问题；准确地使用函数计算器、尺子、画几何图；应该能够鉴别或使用适当信息解决问题 书面的解答应该有结构性且既能提供支持的信息，又能解释是怎样得出结果的
高级	运用综合性的程序性知识和在概念理解的基础上，解决五个领域中相关的复杂的结果不唯一的现实生活问题 能够解决复杂的结果不唯一的现实生活问题；精通函数计算器、尺子和做几何图；希望学生能够得出有逻辑性的结论和证明是正确的答案，并对为什么和怎样解决问题的过程进行解释 学生的解释应该是非常显而易见，对其思想的交流应该是清楚的和简明的

3. 评价方法

评价方法主要是通过问题解决的方法来确定学生的数学能力水平。以四年级为例，题目如下：

图 5-2

(1)图 5-2 呈现了彼特上周做家庭作业的各科时间分配比例。如果彼特花了 2 小时做数学家庭作业,那么他上周一共花了多少时间做家庭作业?

A. 4　　B. 8　　C. 12　　D. 16

本题所涉及的数学领域:数据分析、统计、概率。本领域能力关注收集、组织、阅读、呈现和解释数据的技能。希望学生能够使用统计及统计概念分析和交流解释数据。学生能理解基本的概率概念的意义并利用这些概念解决问题针对情境作出决策。要强调的是对收集数据的适当方法、对数据的视觉探索、呈现数据的方法和基于数据分析的对论据的发展和评价。

本题所涉及的数学能力为问题解决。本题要求学生能够用数学的方法来论证问题;决定数据的一致性;使用策略、数据和模型;产生、拓展和修改程序;在新的环境中使用推理;判断解决问题的合理性和正确性。问题解决的情境需要学生综合其所有的数学知识和技能来解决。

(2)降雨量单位是厘米,如表 5-21 所示。

表 5-21　　一周降水量统计表

日期	周一	周二	周三	周四	周五	周六	周日
降雨量	0	6.3	0	1.5	0.4	0.5	0

表中记录了 5 月份一周内每天的降雨量,那么这一周总的降雨量是多少?

A. 7.8cm　　B. 8.7cm　　C. 12.3cm　　D. 16.8cm

解这道题时你用计算器了吗?

◯是　　◯否

本题所涉及的数学内容领域为数据分析、统计和概率。本领域主要关注学生收集、组织、读取、表现和解释数据的能力。可以使用许多不同的方式对此进行评价,进而反映学生使用这些技能获得真实信息的能力。该类题目要求学生能够用统计方法和统计概念来分析并交流解释数据，理解基本的概率概念并运用这些概念解决问题或在现实情境中作出决策。强调学生选择适当的收集数据、整理数据、表示数据以及在数据分析的基础上形成观点的方法。

本题所涉及的数学能力：程序性知识。要掌握这种能力，需要学生能够准确地选择和运用适当的程序，用数学的语言描述程序性知识；使用具体的模型或符号的方法验证或判断一个程序的正确性；或拓展到修正程序以处理问题设置的内在因素。程序性知识包括阅读能力、制作图表的能力、进行几何建构和如凑整、排序等非计算性的技能。学生对程序性知识的掌握常常会在他把计算方法和给定的问题情境联系在一起和正确使用运算法则、在问题设置中交流运算结果的能力中得到反映。

NAEP 关注的是学生知识和技能的掌握程度，虽然其目的与美国强调个性发展的教育相悖，但是其在提高学生成绩、改进教育质量等方面起到了重要的作用。

（三）全球学生素养评价项目（PISA）中的数学能力评价

PISA 是 Programme for International Student Assessment 的缩写。PISA 是由经济合作与发展组织（Organization for Economic Co-operation and Development，缩写是 OECD）进行的一项国际性学生评价计划。

1. PISA 中关于数学素养的定义

数学素养是指在当前或未来的生活中为满足个人成为一个会关心、会思考的市民的需要而具备的认识以及理解数学在自然、社会生活中的地位的能力和作出判断的能力。

数学素养包括若干运用数学能力的水平层次以及参与数学活动的能力，涉及范围标准数学运算到数学思维能力和观察力。它还要求学生理解和应用一定范围内的数学知识，例如：可能性、变化和增长、空间和形状、定量推理、不确定性和从属关系等。这些包括数学课程的特定领域，如代数、算术和几何。

所谓参与数学活动并不仅仅是狭义上的自然和社会活动，还包括交流、拥有某种立场观点、联系、评价，甚至是对于数学的欣赏。

所以，PISA 中的数学素养其实就是学生的综合数学能力。

2. 数学素养的组成

PISA 认为数学素养由两个主要领域和两个次要领域组成。

两个主要领域是：数学能力、数学的主要思想；两个次要领域是：数学课程内容、情境与背景。

数学能力是指一般的技能和能力，如问题解决，数学语言和数学模型的使用。

数学的主要思想体现的是出现在真实情境中的一连串的有相互关联的数学概念。

数学课程内容是指在学校课程中所教授的数学内容。

情境与背景指的是数学问题提出所依托的背景，如教育、职业、公众以及个人背景。

3. 数学素养的评价

PISA 从以下三个维度评价数学素养：

(1)数学内容。首先它主要指的是在数学思考的意义下具有更广泛意义的数学内容(如可能性、变化和增长、空间和形状、推理、不确定性和从属关系)，其次才是有关的具体的课程内容(如数、代数和几何等)。2000 年的 PISA 测试的重点是“阅读素养”，因此数学测试主要集中在变化和增长、空间和形状这两个方面，这样可以使试卷比较全面地反映课程内容，避免给数值计算以过多的权重。

(2)数学过程。它是根据一般的数学能力来进行定义的，这些能力包括：

①思考和推理，包括提出数学问题、知道各种数学答案、能够

区分不同的数学表达(定义、定理、推理、假设、实例、条件命题)、能够理解和掌握所给数学概念的外延和局限等。

②论证,包括知道数学上的依据是什么,它与别的数学推理有何区别;能够理解和评判不同种类的数学论证;能够提出一些启发式的问题(可能会或不会发生什么？为什么?);能够构建自己的论证方法并将其表达出来。

③交流,对于数学情境中的某一事件,能够以各种不同的方式(口头的或书面的)将其表达出来,而且能够理解他人对这一事件的陈述(口头的或书面的)。

④建模,包括将要建模的情境简化为现实的模型;将"现实"模型翻译成数学模型;根据其现实性来解释该模型;用数学方法来处理该模型;对该模型进行验证;对该模型及其解进行反思、分析和评论;针对该模型及其解进行交流(包括解的局限);对建模的过程进行监控。

⑤问题提出和解决,要求人能够提出、识别各种不同的数学问题(如纯数学问题、应用问题、开放题、封闭题);用各种不同的方法解决不同类型的数学问题。

⑥表达,要求人能够解释和辨别数学对象、数学情境的各种不同表达方式及不同表达方式之间的相互关系;能够根据不同的情境和目的在各种不同的表达方式之间进行选择和转换。

⑦使用符号化、正规化、技术化的语言和运算,要求人能够将符号化、正规化的语言解释翻译成生活中的语言;能够将生活中的语言转换成符号化、正规化的语言;能够掌握带有符号、公式的叙述和表达式;运用变量解方程、进行计算。

⑧运用辅助工具,要求人知道并且能够运用各种辅助工具(包括信息工具),并且知道这些辅助工具的局限性。

PISA 不用不同的试题来分别考察这些能力,因为在解决一个"现实"数学问题时需要若干的数学能力。因此测试题是根据这些能力的三个水平而组织的：

水平一：常规的数学评价中出现的简单计算或定义。

这一水平的考察内容是许多标准化考试和国际比较研究中经常采用的，包括关于事实的知识、表述、再现、回忆、按照常规解题的能力。这部分题目多数是选择题，也有少部分开放题。这部分题目多与符号、公式以及计算技巧有关。

例如：解方程 $7x-3=13x+15$。

例如：7，12，8，14，15，9 的平均数是多少？

水平二：要求建立知识之间的联系，解决简单的问题。

在这个能力水平上，注重的是不同内容与领域之间的联系以及为了解决简单问题而整合信息的能力。学生必须会选择他们的策略和工具。虽然这些问题并非常规问题，但是只需要相对较低水平的数学能力。这部分题目需要学生具有证明的能力，同时也需要建模的能力以及提出问题、解决问题的能力。

例如：你已经驾车行驶了 2/3 的路程，油箱的油量从一开始的一箱消耗到现在只剩下 1/4 箱，你能行驶完全程吗？

例如：玛瑞和马丁分别距学校 3 千米和 5 千米，玛瑞距马丁多远？

水平三：包括数学思维、概括和洞察力，要求学生分析、识别一个情境的数学本质，提出自己的问题。

这个水平的题目要求学生对情境进行数学化处理，能够从具体的情境中识别、抽象出数学问题并解决；要求学生分析，解释说明，形成自己的方法、策略，提供包括论据和概括的证明，这其中还包括批判性思维、分析和反思。在这个能力水平，不仅要求学生能够解决问题，而且还要提出问题，能够洞察数学的本质。

这一水平是数学和数学素养的核心，同时也是很难进行测试的部分。多项选择题不太适合这部分的评价，开放题则比较合适，但无论是题目的设计还是答案的评分都是非常困难的。

例如：在一个池塘中引进一些鱼苗，池塘中鱼的总重量的增长模型如图 5-3 所示。假设渔民计划若干年后开始捕捞，则多少年后开始捕捞以后每年的收益最大？说明你的理由。

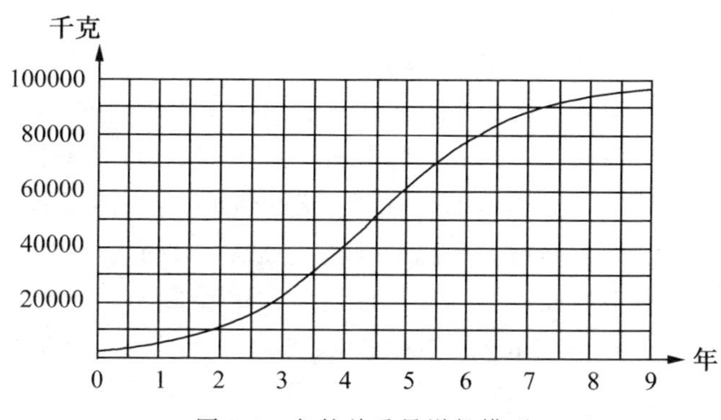

图 5-3　鱼的总重量增长模型

例如：某国家 1980 年的国防预算为 3000 万美元，预算总额为 5 亿美元。第二年的国防预算为 3500 万美元，预算总额为 6.05 亿美元。这一财政年度的通货膨胀率为 10%。

①如果你被邀请为一个和平协会作报告，你将怎样解释国防预算下降了？

②如果你被邀请为一个军事学会作报告，你将怎样解释国防预算增加了？

(3)数学情境。包括从个人生活到与科学和公共事务有关的一系列问题。

(四)国外数学能力评价的特点

1. 国外数学评价更关注学生的数学素养、数学气质，而非具体的数学活动行为。比如，美国国家教育成就评价项目(NAEP)于 20 世纪 90 年代以后越来越重视数学素养，在 1999 年、2000 年和 2003 年的评价中都非常关注考察与孩子所学知识相关的数学素养，包括推理、联想和信息交流等内容。又比如，PISA 中从满足个人成为一个会关心、会思考的市民的角度将数学素养界定为一种认识、理解的能力、判断的能力以及参与的能力。

2. 数学命题中更少地使用选择题、是非题、填空题等“标准化试题”,代之以更多的要求学生表述自我思维过程与认知特征的问题,尤为突出的是使用了“非规范”型试题。

3. 数学命题中所使用的问题不再仅仅是纯数学题或“人造”的应用题,还包括许多具有实体背景的现实问题(背景资料多选自报刊、书籍等真实材料),提倡让学生经历问题解决的过程。如上文例题中以现实背景为素材,学生经历的是一种真实地解决问题的过程,这对于加强数学的应用性是非常重要的。

4. 数学命题的内容更多地指向“核心数学”——有价值的数学任务和数学活动,如概念理解、数学推理等;纯粹的数学运算被置于问题解决过程之中;数学任务的完成更多地需要有意义的“做”。

第五节　教学评价的发展趋势

课堂是教学的主阵地,教学评价的发展趋势引导着课堂教学评价发展的趋势。教学改革和教学评价相互促进,随着对教育研究的深入,教学评价在方法、理念、技术等方面都有突破性的进展,呈现出新的发展趋势。

一、在方法上,质性评价成为教学评价新的发展趋向

20 世纪 60 年代以后,建构主义理论兴起,这种理论强调知识的自我建构、学习者的经验、学习者解决问题的能力等。同时,建构主义理论还开发出新的教学方法,如支架式教学、抛锚式教学、随机进入教学。以测量为主的传统教学评价不能满足建构主义理论的要求。20 世纪 80 年代,美国哈佛大学心理学家加德纳提出

多元智能理论，从新的角度分析了个体存在多元智力，这对传统的学生评价（考试分数为主的评价）提出了挑战。现如今，素质教育的发展成为教育发展的重要主题，它强调人的全面发展、人的个性发展、潜能的开发、创新能力和实践能力的培养等，对传统的教学评价带来了冲击。受上述心理和教育理论的影响，再加上人们对教育规律的不断探索，教学评价的新趋向——质性评价，成为教育工作者更加青睐的评价方法。

质性评价尊重评价对象的独特性和主体性，真实再现教学的复杂性和丰富性，着眼于师生的共同成长。将质性评价方法应用到教学评价中，不断改进和完善质性评价方法，成为教学评价者的共识。

二、在理念上，发展性评价日益凸显

教育部在2001年印发的《基础教育课程改革纲要（试行）》中，明确指出："建立促进学生全面发展的评价体系。评价不仅要关注学生的学业成绩，而且要发现和发展学生多方面的潜能，了解学生发展中的需求，帮助学生认识自我，建立自信。发挥评价的教育功能，促进学生在原有水平上发展。"发展性评价成为基础教育课程改革的基本理念，其最终目标和价值追求是促进学生的发展。

2003年教育部制定的《普通高中课程方案（实验）》，明确提出建立发展性评价制度，实行学生学业成绩与成长记录相结合的综合评价方式。学校应根据目标多元、方式多样、注重过程的评价原则，综合运用观察、交流、测验、实际操作、作品展示、自评与互评等多种方式，为学生建立综合、动态的成长记录手册，全面反映学生的成长历程。由此可见，发展性评价的理念已成为中小学教学评价的指导思想。在发展性评价理念的指导下，教学评价立足于教学真实的发展状况，注重过程的生成性，使选拔人才更加公正合理。

三、在功能上，评价结果成为教学改革的关键依据

过去，评价的奖惩性功能非常明显。教学评价结果是用于学校教育经费的分配，教师奖金和工资的发放，学生奖学金的发放和向高一级学校、用人单位推荐的依据。[①] 如今，教学评价在教育事业发展中的作用也日益凸显，教学评价结果成为教学改革的关键依据。

评价的基本功能包括：诊断功能、强化功能、调节功能、教学功能。评价能发现教学中的问题，判断教学的质量和水平，了解教师和学生的发展状况等，为教学改革提供依据。

四、在主体上，追求多元化的评价主体

评价人员的合理选择和组织是评价顺利进行和保证评价质量的关键。教学评价要求评价主体的多元化是当前十分流行的提法。评价主体的多元化改变专家作为单一评价主体的现象，呼吁评价倾听教师的心声，重视学生的自评和互评，不忽视家长和社会的建议。评价主体的多元化意味着使评价成为管理者、教师、学生、家长、专业人士共同积极参与的交互过程。[②]

评价主体的价值取向和能力对评价结果的影响是直接性的。倡导评价主体的多元化是对学生、教师等的尊重，也是对传统评价的突破，但评价主体的多元化并不意味着学生、教师、专业人士等在评价过程中地位的平等，而是有“重点”的平等。

---

① 参见刘尧：《中国教学评价发展现状和趋势评论》，载《中国地质大学学报（社会科学版）》2003 年第 5 期。

② 参见马云鹏、刘学智：《发展性学生评价的理论与方法》，东北师范大学出版社 2006 年版，第 7 页。

五、在技术上，计算机技术表现出为教学评价服务的态势

随着科技的发展，计算机技术广泛地应用于各行各业，现代社会享受着计算机技术带来的便捷。自 20 世纪 80 年代以来，计算机技术在教学评价中也得到了应用，如教学评价的数据可以用计算机进行分析，用计算机记录教学评价的过程和结果，向社会发布教学评价结果等，同时教育工作者也可以利用计算机对教学评价模型做进一步的开发。

六、在评价监督上，重视发挥元评价的作用

元评价这一概念最早出现在美国。20 世纪六七十年代，美国进行了大量的教学评价活动，教学评价的质量引起了学术界广泛的关注，评价委员会对教学项目的执行情况进行了评价。到 70 年代，出现了独立的元评价文化。经过几十年的努力，到 2001 年，“元评价”概念得到进一步地发展。简单地说，元评价就是对评价的评价。在我国，教学评价的质量也是备受关注的，但相比国外，元评价在我国还需要进一步的发展。

元评价的出现，使得教学评价体系进一步完善，有助于改善教学评价工作，使其朝着专业化的方向发展。

第六章　学生学业成就测评

学生学业成就测评是指对学生学习的过程及其结果的测量与评价。现如今，传统的测评观念逐渐为新的测评观念所取代，当前学生学业成就测评的方法大体分为量化评价方法和质性评价方法两大类。这两种评价方法各有优势与不足，对学生学业成就进行科学、全面的测评需要两种测评方法的结合。

第一节　学生学业成就测评观

虽然人们对学生学业成就测评有很多批评，但是它的存在仍然具有重要的意义。对于学生自身而言，学业成就测评的存在，有助于他们巩固所学知识、技能，同时学生还可以从中获得有关自身学习状况的信息，从而明确目标和进一步努力的方向；对于教师，学业成就测评有助于教师了解学生的学习水平，改进教学的策略；对于家长，学业成就测评能够使他们及时获得子女在学校的学习情况，从而配合学校的教育工作；对于教育部门，学业成就测评可以为教育主管部门掌握教学情况、解决教育问题、提高教学效果等工作提供重要信息。

可见，对学生的学业成就进行测评，不仅对学生的发展有重要的影响，而且还是改善教育工作不可忽略的一部分。学业成就测评观是影响评价学生学业成就的重要因素。

一、传统的学生学业成就测评观

自古以来，教育、读书和考试紧密结合起来的人才选拔制度深深地影响着我国的教育思想观念，当今的学业测评也明显带有传统的烙印。考试成绩与学生评价等同起来，知识的记忆成为评价的唯一标准。虽然我国对学生学业成就测评方面也作出过多方面的改革，但就全国而言，改革的发展是很不平衡的。随着社会的发展，对人才的定义也在发生转变，人才需全面发展的观念成为共识，在这种新的发展状态下，传统的学生学业成绩测评则暴露出它的弊端。

(一)过于注重知识与技能的测评

知识与技能的测评是学业成就测评的重要内容。传统的学生学业成就测评过于注重知识与技能的测评，不仅给学生的学习造成巨大压力，而且还不利于教师教学方式的改进。单一的测评内容成为全面了解学生真实发展状况的一大障碍。素质教育强调人的全面发展，过于注重知识与技能的测评显然跟不上教育新时代的要求。

(二)过于强调终结性评价

在学生学业成就测评中，类似“以一考定胜负”这种过于强调终结性评价的观念，严重削弱了考试的教育功能，忽略了学生发展的多种可能性和多方面性。传统测评重视结果，忽视过程与方法；重视闭卷考试，忽视实际应用能力的掌握情况；以分数的高低衡量学生的发展，易对学生的身心健康发展造成不利影响。

(三)学生学业成就测评方法单一

量化评价的纸笔测验是传统学生学业成就测评应用最为广泛的方法。学生学业成就测评的根本目的是促进学生的发展，单一的纸笔测验关注结果、忽视过程，不利于学生的可持续发展。

(四)强调相对评价

学生学业成绩测评中,强调相对评价,忽视了个体内的差异评价,学生之间相互比较分数,一切围绕分数和考学转,给学生制造了巨大的心理压力,制约着学生身心的健康发展。

二、现代学生学业成就测评观

素质教育要求学生学会做人、学会求知、学会劳动、学会生活、学会健体和学会审美,为培养他们成为有理想、有道德、有文化、有纪律的公民奠定基础。现代学生观的核心是以学生为本,以促进学生的全面发展为教育目的和归宿。培养学生的教育教学活动要符合新课程理念的要求。终身学习是现代社会对人提出的要求。传统的学生学业成绩测评观显然已不适合当今社会发展的需求,现代学生学业成就测评观是当今教育工作者应当树立的,而且现代学生学业成就测评观的实行也是学生的期望。从传统到现代学生学业成绩测评的转变主要表现在以下几个方面:

(一)注重过程性评价

过程性评价是指对学生参与的教育活动过程进行评价。传统的学生学业成绩测评观过于注重终结性评价,将终结性评价作为评价的唯一方式。学生的发展是一个过程,过程性评价客观地评价学生的发展状况,注重学生的个体差异,有助于激励学生不断进步。

(二)测评主体多元化

现代学生学业测评观改变单独由教师评价学生的方式,改变由考试决定学生成绩的方式,鼓励学生本人、家长、同学等参与到学生学业成绩测评中,将单一评价转变为多主体共同参与的评价。多主体的测评使学生从不同的角度认识自己,提高学习的积极性和主动性。

(三)测评方法多样化

量化评价为学生的学业成就评价提供客观的数据,质性评价有助于真实地再现评价对象的发展趋势和特点。现代学生学业成绩测评观念强调量化评价与质性评价相结合，过程性评价和终结性评价相结合，为学生的发展状况作出合理的价值判断。

（四）强调测评的激励功能

传统的学生学业成就测评，过分关注选拔和甄别的功能，给学生造成了巨大的心理压力，不利于学生的健康成长。现代的学业成就测评更关注测评的激励功能，这一转变不仅有助于激励学生在学习上树立自信，促进学生的身心健康发展，而且还有利于改进教师的教学行为，提高教学质量，真正落实教学以人为本的核心价值观念。

第二节　学生学业成就量化评价方法

量化评价方法，是一种运用数学、统计学工具，收集、处理评价对象资料，通过数量化的分析和计算，进而对评价对象作出价值判断的评价方法。①

学生学业成绩测评的主要量化方法是测验法，即考试，是通过编制一套具备一定数量和质量的试题，对学生的学业发展水平作出判断的方法。② 测验法根据不同的划分标准，测验可分为不同的类型。

一、测验法的分类

（一）标准化测验和教师自编测验

按照测验的标准，测验可分为标准化测验和教师自编测验。

① 参见涂艳国：《教学评价》，高等教育出版社 2007 年版，第 130 页。

② 参见田友谊：《当代学生评价的理论与实践》，华中师范大学出版社 2012 年版，第 188 页。

1. 标准化测验

标准化测验是指由专家根据规范的标准编制测验内容,并有统一的实施程序和评分规则的测验。如等级证书考试、学业水平测试、高考、托福考试等。标准化测验包括编制试题的标准化、测试办法的标准化、评分记分的标准化、分数解释的标准化等四个步骤。[①]

标准化测验的优点:将误差控制在尽可能小的范围里,提高了测验的信度与效度;增强了测验的公平性;参照统一的标准,使测验的分数具有可比性。

标准化测验因其优势得到广泛的应用,但标准化测验也有不容忽视的缺点:测验的答案具有唯一性,限制了学生的思维;由于时间有限,与思考的深度相比,测验更注重思考的迅捷[②];注重测验学生知识的掌握,忽视对实际运用知识的能力和创造能力的考查。

2. 教师自编测验

教师自编测验是教师根据自己的教学经验和教学风格,自行设计和编制的用以考查学生学习情况或进步情况的测验。[③] 教师自编测验是学校中应用最广的测验形式。

教师自编测验的优点:每个班级学生的学习状况与水平各有特点,教师可以根据学生学习的水平自编测验,真正发挥测验为学生学习进步服务的功能;教师自编测验可以随时进行;与标准化测验想比,教师自编测验的编制过程较为简易,实施过程也较方便、灵活,花费的物力和财力较少。

教师自编测验的缺点:教师自编测验随意性较强,与标准化测

① 参见王权、邱学华:《教育的标准化测验》,河南教育出版社 1988 年版,第 14 页。

② 参见王玉衡:《美国标准化测验的问题与质疑》,载《比较教育研究》2009 年第 9 期。

③ 参见黄希庭:《简明心理学词典》,安徽人民出版社 2004 年版,第 116 页。

验相比，测验的信度和效度较低；教师自编测验会使学生更加重视机械记忆，而忽视对知识的理解；如教师自编测验过多，学生容易陷入“题海战术”的漩涡。

3. 标准化测验和教师自编测验的比较

标准化测验和教师自编测验是应用最为普遍的两种形式，两者各有优点和缺点。为方便了解两种测验形式的不同，大多数学者都赞同有关标准化测验和教师自编测验的比较，如表 6-1 所示。

表 6-1　　教师自编测验和标准化测验的比较①

项目	标准化测验	教师自编测验
测验内容	根据统编教材编写，不反映地方教材特点	根据各地实际使用的教材编写
试题质量	经过预测、题目分析和筛选等步骤，质量较高	未经预测和筛选，质量一般比较低
测验信度	在 0.89 以上	信度未知，一般在测验后用分半法求得
实测与评分	按指导语施测，用机器和记分器评分	可以统一要求，但不完全标准化
分数的解释	与常模相比较，解释考生的测验分数	按照某种标准或用被试者在团体内的相对位置解释测验分数

（二）诊断性测评、形成性测评与终结性测评

按照测验运用时间的不同，测验可分为诊断性测评、形成性测评与终结性测评。

1. 诊断性测评

诊断性测评是在教学开始时，对学生现有的知识水平和能力

① 参见王汉澜：《教学测量学》，河南大学出版社 1987 年版，第 195 页。

发展状况进行的测评。

诊断性测评的作用主要体现在以下几个方面：

(1)通过诊断性测评，教师可以了解新学段学生的准备程度，从而摸清学生的实际发展状况，改进教学的方法。如对刚刚进入小学、初中、高中的学生进行诊断性测评；在新的学期或新的单元教学开始时，对学生进行诊断性测评；教师接任一个新的班级时，进行的诊断性测评等。诊断性测评是教师快速了解新的教学对象学习的优点与不足的有效途径。

(2)诊断性测评有助于教师预测和分析学生学习困难的原因，在教学过程中对症下药、因材施教。我国大部分的中小学教材是采用螺旋式的编写结构，在前一个阶段中学生对教材的内容未掌握好会影响到对下一个阶段的学习，因此，通过诊断性测评，教师可以及时预测和分析学生在下一个阶段会遇到的学习困难，从而在教学过程中对症下药、因材施教。

2. 形成性测评

形成性测评，又称“过程性测评”，指在教学过程中，对学生的学习状况进行经常而及时的测评与反馈。形成性测评贯穿于整个教学活动中，具体形式包括单元测验、月考、周考等。

形成性测评的作用主要体现在以下几个方面：

(1)形成性测评有助于及时调节教学和学习活动。通过形成性测评，教师可以把握教学目标的落实情况，及时调节教学内容与方法；学生可以了解自己对知识的掌握、理解程度，以明确以后努力的方向。

(2)形成性测评有助于诊断学生在学习上的困难与盲点。通过形成性测评结果的及时反馈，学生可以发现自己未达到教学要求的原因、未解决的难题以及未注意的知识点等。

3. 终结性测评

终结性测评是指在整个学期或学年结束后，以预先设定的教学目标为基准，对学生达成目标的程度进行的测评。

终结性测评在学校教育中得到广泛的应用，其作用主要体现在以下几个方面：

（1）终结性测评有助于检验教学目标的实现程度。教学的直接目的是教师和学生通过双边互动达到教学的目标，终结性测评是检验是否达到教学目标的有效途径。

（2）终结性测评有助于鉴定教学的优劣和学生学习发展的水平。在我国当前的中小学，终结性测评的结果是评价教师教学水平的重要指标。通过终结性测评，有助于了解学生在某一阶段学习上的发展状况，从而为下一阶段教师教学和学生学习指明方向。

4．诊断性测评、形成性测评和终结性测评的比较

诊断性测评、形成性测评和终结性测评在实施时间、过程和目的等方面有很多的区别。由表 6-2 可以较清晰地解释三者之间的区别。

表 6-2　诊断性测评、过程性测评与终结性测评的比较①

类型	时间	目的	实施特点
诊断性测评	教学开始	摸底	比较正规
过程性测评	教学进程中	矫正、改进	灵活
终结性测评	教学结束	鉴定	正规

（三）客观性测验和主观性测验

按照测验试题的形式，测验可分为客观性测验和主观性测验（参见本书第三章第一节）。表 6-3 清晰地呈现出客观性测验、主观性测验的特点以及两者的区别。

① 参见田友谊：《当代学生评价的理论与实践》，华中师范大学出版社 2012 年版，第 191 页。

表 6-3　　客观性测验与主观性测验的比较[①]

比较的维度	客观性测验	主观性测验
运用目标	知识、理解、分析、应用	理解、应用、分析、综合、评价
答题时间	短	长
时间的使用	阅读题目和思考答案	思考问题和书写
覆盖面与代表性	覆盖面大,代表性好	覆盖面小,代表性差
题量及问题含义	题量多,含义窄	题量小,含义广
测试信度	较高	较低
猜题的可能性	答案的猜测性大,题目范围的猜测性小	答案的猜测性小,题目范围的猜测性大
编制难度与时间	命题费时困难	命题省时容易
评分与记分	客观、简单、可靠	主观、困难、较不可靠
影响得分的无关因素	阅读能力和猜测	写作能力与表达能力
试题质量	取决于编写者的水平	取决于评分者的水平
测量效果	鼓励记忆、理解、分析他人的观点	鼓励组织、整理和表达自己的观点,可测表达力、创造性及知识面

除此之外,按测验的特征,测验可划分为学科测验与综合测验;按测验的形式,测验可分为操作测验与书写测验;按照测验的内容,测验可划分为学业测验与非学业测验;按测验的对象,测验可划分为个别测验与团体测验;按评价的参照标准,测验可分为常模参照测验与标准参照测验。

---

① 参见范晓玲:《教学评价论》,湖南教育出版社 1999 年版,第 107 页。

二、向学生解释测验分数时应注意的问题

学业成就测验是认识学生的学业成就发展状况的依据，能有效地诊断学生学习的优点与不足，是选拔人才与辨别学生学习水平的方法，同时有助于学生判断自己的学业成就、选择努力的方向。学业成就测验的分数与学生在学业上的发展息息相关。因此，教师在向学生解释分数时应注意以下几个问题：

1. 坚持学生全面发展的原则，给学生的分数作出全面客观的综合评价。

2. 教师与学生共同参与分数的解释，学生的学习态度、学习习惯、学习环境以及学生对测验的理解，有助于补充说明测验的结果，增进教师对学生的全面了解以及对学生测验结果和学习状况的了解。

3. 教师向学生解释分数应注意绝对评价与相对评价结合、形成性评价与终结性评价结合。绝对评价与相对评价相结合，不仅有助于明确学生的学习状况与教学目标要求之间的差距，而且还可以帮助学生清楚地看到自己在班级或年级中的位置，从而使他们摆正努力的方向。形成性评价与终结性评价相结合，不以一次分数简单地评价学生，有助于学生身心的健康发展。

4. 成绩报告应该从单一的学科成绩等级报告，转变为多样性的成就报告。多样性的成就报告除学科成就等级外，还应列有各学科教学目标检核表、学生努力程度评定表或评语、学生的个性及其社会行为、学生的学习习惯以及家长的评语栏等。①

学业成就测验的根本目的是促进学生的发展。对分数进行解释应该有助于学生的学习，而不是为学生增加负担。教师对学生

① 参见李玉芝、赵欲春：《评价学业成就的方法》，光明日报出版社 1987 年版，第 137 页。

学业成就测验的分数进行解释时应综合评价学生的分数，坚持以学生为本，不能把分数当成评价学生的唯一指标。

三、学生学业成就量化评价方法使用的基本要求

首先，对学生的学业成就进行量化评价时应遵循客观化、规范化、标准化的原则。学生阶段的主要任务就是学习，学生的学业成就是影响学生发展的重要因素。因此，对学生的学业成就进行量化评价时，应遵循客观化的原则，不能主观臆断，以偏概全。规范化和标准化的量化评价是保证学生学业成就测评过程与结果公平的重要保证。

其次，对学生的学业成就进行量化评价应坚持全面性的原则。学生学业成就评价是一个系统化的过程。因此，一方面要注重评价标准的全面性，不能单纯地突出某一个方面而导致整个系统出现失衡；另一方面评价过程信息的收集也要坚持全面性的原则，如预测未来的学业成就发展方向，不仅需要收集现在的学业成就信息，也要收集过去的学业成就信息。

再次，对学生的学业成就进行量化评价应坚持指导性的原则。学生学业成就测评的根本目的就是促进学生的发展，教师应树立以人为本的学生观。量化评价不是为了排名次、定高低，而是切实指导学生确定学习目标，形成正确的学习态度。

最后，对学生的学业成就进行量化评价应坚持评价方法的可行性。学生学业成就量化评价方法，除常用的测验法外，还有观察法、调查法等。选择评价方法时，既要符合统一的要求，保证评价规范化和标准化，又要符合学生的总体状况，保证评价的真实性，同时还需兼顾评价方法的可行性，保证评价的顺利进行。

第三节　学生学业成就质性评价方法

质性评价方法是评价者通过特定方法，收集反映评价对象发展状况的丰富资料，对资料进行整理分析，并用描述性、情感性的言语对评价对象的能力发展和人文素养等方面的进步作出评定的过程。[①] 学生学业成就测评中常用的质性评价方法主要包括表现性评价、成长记录袋评价。

一、表现性评价

在学校教育背景下，表现性评价是指通过观察学生在完成实际任务时的表现来评价学生已经取得的发展成就。它是建立在传统学业成绩测评的基础上的。[②]

（一）表现性评价法的特征

下面三个表格[③]可以充分地阐释表现性评价的特点。

表 6-4 显示的是表现性评价法的五个普通领域：交流、操作、运动、概念的获取和情感及其对应的范例。表现性评价不同于传统的学业成就测评。传统的学业成就测评关注的是基础的知识与技能掌握情况，对于学生的综合运用知识的能力、创新能力、实践能力、品德状况等方面难以测评。因此，表现性评价可以克服传统学生学业成就测评在测评学生高级心智技能方面的缺陷。

---

① 参见涂艳国：《教学评价》，高等教育出版社 2007 年版，第 191 页。

② 参见王海芳：《学生发展性评价的操作与实例》，中国轻工业出版社 2006 年版，第 119～120 页。

③ 参见唐晓洁等：《课堂教学与学习成效评价》，广西教育出版社 2000 年版，第 111～113 页。

表 6-4　　表现性评价法的五个普通领域及范例

交流	操作	运动	概念的获取	情感
论文写作	握笔	射击	构建开启和闭合的电路	与别人分享用具
演讲	实验室仪器设备的安装	接球	为任务选择适当的工具、解决的办法	在合作小组里一起工作
外国语的应用	使用显微镜	单脚跳	辨认不知名的化学物质	服从学校规章制度
听从口头指示	解剖青蛙	游泳	对实验数据资料进行归纳	保持自制

表 6-5 和表 6-6 清晰地呈现表现性评价的特点以及与其他评价方式的比较。

从目标、学生的反应、优点、对学习的影响四个方面，对表现性评价与客观性测验、论文测验进行比较分析，如表 6-5 所示。

表 6-5　　各种评价方式的比较

评价方式	表现性评价	客观性测验	论文测验
目标	评定将知识和理解转换成行动的能力	知识样本，具有最大的有效性和信度值	评定思考技能或知识结构的精熟度
学生的反应	计划、建立和传送原始反应	阅读、评价和选择	组织、写作

续表

评价方式	表现性评价	客观性测验	论文测验
优点	提供表现技能充分的证据	有效率——能在同一时间内进行多个测验度量的施测	可以评定较复杂的认知成果
对学习的影响	强调在相关的问题背景情况下，使用现成技能和知识	过分强调记忆，如妥善编制，亦可测量到思维技能	激励思考和写作技能的发展

表 6-6 则是从任务的真实性、复杂性、需要的时间、评价的主观性四个方面揭示表现性评价的特点。

表 6-6　　纸笔测验和表现性评价的特点比较

纸笔测验	表现性评价
选择型试题　补充型试题	限制性表现　扩展型表现
低←任务真实性→高	
低←任务复杂性→高	
低←需要的时间→高	
低←评分的主观性→高	

综合分析上述三个表格对表现性评价法的分析，我们可以归纳出表现性评价法的几个突出特点：

1. 表现性评价的评价领域侧重于知识和技能的应用以及非智力因素的发展。

2. 表现性评价的问题情境不脱离现实，是比较真实的问题情境。

3. 表现性评价中需要学生完成的任务具有复杂性，涉及高级的综合心智技能的应用。

4. 表现性评价需要付出的时间代价较高。

5. 表现性评价容易受评价主体主观因素的影响，导致评价结论的主观性较强，信度较低。

从对表现性评价特点的分析中，我们可以看到，表现性评价既有测验法所不及的优点，也有其自身的局限性。比如，表现性评价可以用于纸笔测验难以考查的知识、技能与情意，但表现性评价中的评分容易受主观因素的影响，成绩可比较性差，评估费时费力；由于不同学生所测内容不同，测验的公平性受到质疑，信度较低。因此，表现性评价的运用要具体问题具体分析，不可盲目推广。虽然，它自身带有一些局限性，但是在新课程理念中，表现性评价对于学生更加客观、全面地认识自己，实现多元化评价有重要意义。

(二)表现性评价的类型

表现性评价在学生学业成就测评中的题型或方式主要包括：口头测验、论辩或辩论、短文考试、写作测验等。从评价的方式上可以看出，表现性评价更强调对知识的应用和实际解决问题能力方面的考查。目前比较常见的是将表现性评价分为限制型和扩展型任务两种，如表 6-7 所示。

表 6-7　　表现性评价任务的类型[1]

任务类型	具体任务
限制型的表现性评价任务	大声朗读 用外语问路 设计一个表格 使用一种科学仪器 打字
扩展型的表现性评价任务	建造一个模型 收集、分析和评估数据 组织观点,创作一种视听作品,一个内容完整的演技 创作一幅画和演奏一种乐器 写一个具有创造性的小故事

由表 6-7 可知,限制型的表现性评价任务相对比较简单,一般集中在专门技能上面,如朗读能力、语言运用、使用机器等;扩展型的表现性评价任务则相对较复杂,在完成此类任务的过程中更多涉及解决实际问题能力的评价,而且在此过程中还包含着对学生理解能力、问题解决能力、创新能力、合作能力等深层次能力的考查。

(三)表现性评价法在实施过程中应该注意的问题

表现性评价法的实施包括确定表现性任务、设计表现性任务、确定表现性任务的评分规则、收集信息、对学生的表现进行评定、对评定结果进行反思六个具体的过程。表现性评价是一个系统的

① 参见涂艳国:《教学评价》,高等教育出版社 2007 年版,第 206 页。

复杂的过程，因此，在实施过程中应注意以下几个问题：

1. 对于表现性任务，要从实际情况出发，要将任务清晰明确地表现出来，以保证表现性评价的有效实施。

2. 设计表现性任务时，要坚持全面性和客观性的原则，以提高评价的准确性和科学性。

3. 表现性任务的评分规则，应尽量发挥评价的改进与激励功能。

4. 收集信息时，实行多主体收集信息，即收集信息的主体不仅是老师，也可以是学生，而且还可以是任何教育工作者。

5. 对学生完成任务的状况进行评定的阶段，学生应该有参与的机会。评定的过程也是学生自我反思、自我教育、自我发展的过程。

6. 为确保评价的公正性，评价者应从不同的角度反思此次评价的结果，为下一次的表现性评价积累经验。

二、档案袋评价法

档案袋评价法，又称“成长记录袋评价法”“卷宗评价法”，是一种依据教育目的和教学计划，将反映学生成长发展的相关资料、生成性的作品收集起来，以评价学生发展状况的质性评价方法。档案袋评价法在淡化评价的选拔功能、帮助学生全面认识自己、帮助教师用发展的眼光评价学生等方面具有重要意义。

(一)档案袋评价法的特点

档案袋评价法在教学评价改革中越来越受到人们的关注。为了更加突出档案袋评价法的特点，我们对档案袋评价法与标准化测验进行了比较，如表 6-8 所示。

表 6-8　　档案袋评价法与标准化测验的比较[①]

档案袋评价法	标准化测验
反映学生参与的多种读写活动	依据有限的读写任务来评价学生的读写能力
让学生参与自己进步与成就的评价，并提出进一步学习的预期目标	由教师根据学生的答题情况评分
在尊重学生个体差异的基础上评价每一个学生的成就	用同一标准评价所有的学生
评价过程是合作性的	评价过程是非合作性的
自我评价是重要目标	没有自我评价方面的目标
关注学生进步、努力与成就	只关注学生成就
将评价与教、学结合起来	教、学、评分是分离的

由表 6-8 我们可以总结出档案袋评价法主要有以下几个特点：

1. 具有描述性的特点

档案袋评价法是把学生的各种资料、生成性的作品，包括绘画、作业、试卷、成绩单、手工作品、录像带、反思等，不分主次、不分轻重地收集起来，而不仅仅是收集学生能力评价后的结果。

2. 评价主体多元化

评价主体从一元到多元是现代教学评价发展的趋势，档案袋评价法的评价主体具有多元性。在档案袋评价过程中，既有教师参与，又有学生主体的参与。学生主体的参与又可分为学生个体

① 参见[美]W. J. Popham:《促进教学的课堂评价》，国家基础教育课程改革“促进教师发展与学生成长的评价研究”项目组译，中国轻工业出版社 2003 年版，第 155 页。

的参与和同伴之间的互评两种方式。

3. 强调学生的作用

在档案袋评价法的实施过程中，学生的个性发展将受到认可和尊重，学生的自我反思是评价的重要依据，整个过程关注学生的进步、努力与成就。

（二）档案袋评价的类型

档案袋评价，根据不同的划分角度，有不同的类型。

美国教育心理学教授格莱德勒根据档案袋的不同功能，将档案袋评价分为理想型、展示型、文件型、评价型和课堂型；美国课程评价专家比尔·约翰逊根据档案袋入选材料的不同，将档案袋评价分为最佳成果型、精选型和过程型。

我国学者黄光扬在《教育统计与测量评价新编教程》中将用于班级学生评价的档案袋，分为成果型档案袋、过程型档案袋、评价型档案袋；根据档案袋的内容结构，档案袋可以分为结构型档案袋、半结构型档案袋、无结构型档案袋；一般教学情境下运用的档案袋评价，可以分成总结性评价、形成性评价、诊断性评价、最佳行为评价、典型行为或个人独特性评价[①]。

我国学者徐芬、赵德成在《成长记录袋的基本原理与应用》中，将档案袋评价的类型分为四种：过程型成长记录袋、目标型成长记录袋、展示型成长记录袋、评估型成长记录袋[②]。

（三）档案袋评价法的优势与不足

档案袋评价法的优势在于：可以对学生的成长过程进行记录，了解学生的发展过程，对学生的发展进行客观、全面的评价，不仅

① 参见黄光扬：《教育统计与测量评价新编教程》，华东师范大学出版社 2013 年版，第 134 页。

② 参见徐芬，赵德成：《成长记录袋的基本原理与应用》，陕西师范大学出版社 2002 年版，第 9 页。

增强了评价的公平性，而且还可以帮助学生全面认识自身的优点与缺点，不断激励自己进步；档案袋评价法淡化了选拔与甄别的功能，扩展了对学生学业成就的定义，增加了对学生成长的记录，尊重学生的个体内差异，对发掘学生的潜能有重要作用。

但是档案袋评价法也存在不容忽视的问题，如信度较低；档案袋内容丰富，对评价结果的分析和处理会带来困难；档案袋评价的指标体系容易受主观因素影响。

（四）实施档案袋评价法应注意的问题①

档案袋评价法包括明确评价的目的、确定评价的主体、制订档案袋评价的指标体系、参与评价、收集评价信息、反思评价结果六个具体的步骤。素质教育倡导档案袋评价方法，但档案袋评价方法不是万能的，而且在实施过程中容易受一些主观或客观的因素的影响。因此，在实施过程中必须重视以下几个方面：

(1)档案袋评价必须与教学相结合。

(2)档案袋评价应与其他评价方法共同使用。

(3)档案袋评价应采用渐进式、引导式的方式，循序渐进。

(4)档案袋评价应实施多次、阶段性的反思与协助。

(5)档案袋评价应估计学生的承受力和可利用的资源。

① 参见黄光扬：《教育统计与评价新编教程》，华东师范大学出版社 2013 年版，第 134 页。

附　录

附表 1　　W 显著性检验时 S 的临界值

K / N	P=0.05					P=0.01				
	3	4	5	6	7	3	4	5	6	7
3			64.4	103.9	157.3			75.9	122.8	185.6
4		49.5	88.4	143.3	217.0		61.4	109.8	176.2	265.0
5		62.6	112.3	182.4	276.2		80.5	142.8	229.4	343.8
6		75.7	136.1	221.4	335.2		66.5	176.1	282.4	422.6
8	48.1	101.7	183.7	299.0	453.1	99.8	137.4	242.7	388.3	579.9
10	60.0	127.8	231.2	376.7	571.0	85.1	175.3	309.1	494.0	737.0
15	89.8	192.9	349.8	570.5	864.9	131.0	26.8	475.2	758.2	1120.5
20	119.7	258.8	468.5	764.4	1158.7	177.0	364.2	641.2	1022.2	1521.9

若 $K>7$,检查 W 的显著性按下列步骤:

(1)把 W 代入下式求 χ^2,$\chi^2=k(n-1)W$;

(2)把计算出的 χ^2,按 $df=N-1$ 查 χ^2 值表,查出的显著水平为 0.01 或 0.05 的 χ^2 值比较,若前者大于后者,则 W 达到显著水平,这个 W 有意义。

附表 2　　正态分布

Z	Y	P	Z	Y	P	Z	Y	P
.00	.39894	.00000	.30	.38139	.11791	.60	.33322	.22575
.01	.39892	.00399	.31	.38023	.12172	.61	.33121	.22907
.02	.39886	.00789	.32	.37903	.12552	.62	.32918	.23237
.03	.39876	.01197	.33	.37780	.12930	.63	.32713	.23565
.04	.39862	.01595	.34	.37654	.13307	.64	.32506	.23891
.05	.39844	.01994	.35	.37524	.13683	.65	.32297	.24215
.06	.39822	.02392	.36	.37391	.14058	.66	.32086	.24537
.07	.39797	.02790	.37	.37255	.14431	.67	.31874	.24857
.08	.39767	.03188	.38	.37115	.14803	.68	.31659	.25175
.09	.39733	.03586	.39	.36973	.15173	.69	.31443	.25490
.10	.39695	.03983	.40	.36827	.15542	.70	.31225	.25804
.11	.39654	.04380	.41	.36678	.15910	.71	.31006	.26115
.12	.39608	.04776	.42	.36526	.16276	.72	.30785	.26424
.13	.39559	.05172	.43	.36371	.16640	.73	.30563	.26730
.14	.39505	.05567	.44	.36213	.17003	.74	.30339	.27035
.15	.39448	.05962	.45	.36053	.17364	.75	.30114	.27337
.16	.39387	.06356	.46	.35889	.17724	.76	.29887	.27637
.17	.39322	.06749	.47	.35723	.18082	.77	.29659	.27935
.18	.39253	.07142	.48	.35553	.18439	.78	.29431	.28230
.19	.39181	.07535	.49	.35381	.18793	.79	.29200	.28524
.20	.39104	.07926	.50	.35207	.19146	.80	.28969	.28814
.21	.39024	.08317	.51	.35029	.19497	.81	.28737	.29103

续表

Z	Y	P	Z	Y	P	Z	Y	P
.22	.38940	.08706	.52	.34849	.19847	.82	.28505	.29389
.23	.38853	.09095	.53	.34667	.20194	.83	.28269	.29673
.24	.38762	.09483	.54	.34482	.20540	.84	.28034	.29955
.25	.38667	.09871	.55	.34294	.20884	.85	.27798	.30234
.26	.38568	.10257	.56	.34105	.21226	.86	.27562	.30511
.27	.38466	.10642	.57	.33912	.21566	.87	.27324	.30785
.28	.38361	.11026	.58	.33718	.21904	.88	.27986	.31057
.29	.38251	.11409	.59	.33521	.22240	.89	.28848	.31327
.90	.26609	.31594	1.25	.18265	.39435	1.60	.11092	.44520
.91	.26369	.31859	1.26	.18037	.39617	1.61	.10915	.44630
.92	.26129	.32121	1.27	.17810	.39796	1.62	.10741	.44738
.93	.25888	.32381	1.28	.17585	.39973	1.63	.10567	.44845
.94	.25647	.32639	1.29	.17360	.40147	1.64	.10396	.44950
.95	.25406	.32894	1.30	.17137	.40320	1.65	.10226	.45053
.96	.25164	.33147	1.31	.16915	.40490	1.66	.10059	.45154
.97	.24923	.33398	1.32	.16694	.40658	1.67	.09893	.45254
.98	.24681	.33646	1.33	.16474	.40824	1.68	.09728	.45352
.99	.24439	.33891	1.34	.16256	.40988	1.69	.09566	.45449
1.00	.24197	.34134	1.35	.16038	.41149	1.70	.09405	.45543
1.01	.23955	.34375	1.36	.15822	.41309	1.71	.09246	.45637
1.02	.23713	.34614	1.37	.15608	.41466	1.72	.09089	.45728
1.03	.23471	.34850	1.38	.15395	.41621	1.73	.08933	.45818

续表

Z	Y	P	Z	Y	P	Z	Y	P
1.04	.23230	.35083	1.39	.15183	.41774	1.74	.08780	.45907
1.05	.22988	.35314	1.40	.14973	.41924	1.75	.08628	.45994
1.06	.22747	.35543	1.41	.14764	.42073	1.76	.08478	.46080
1.07	.22506	.35769	1.42	.14556	.42220	1.77	.08329	.46164
1.08	.22265	.35993	1.43	.14350	.42364	1.78	.08183	.46246
1.09	.22025	.36214	1.44	.14146	.42507	1.79	.08038	.46327
1.10	.21785	.36433	1.45	.13943	.42647	1.80	.07895	.46407
1.11	.21546	.36650	1.46	.13742	.42786	1.81	.07754	.46485
1.12	.21307	.36864	1.47	.13542	.42922	1.82	.07614	.46562
1.13	.21069	.37076	1.48	.13344	.43056	1.83	.07477	.46638
1.14	.20831	.37286	1.49	.13147	.43189	1.84	.07341	.46712
1.15	.20594	.37493	1.50	.12952	.43319	1.85	.07206	.46784
1.16	.20357	.37698	1.51	.12758	.43448	1.86	.07074	.46856
1.17	.20121	.37900	1.52	.12566	.43574	1.87	.06943	.48926
1.18	.19886	.38100	1.53	.12376	.43699	1.88	.06814	.46995
1.19	.19652	.38298	1.54	.12188	.43822	1.89	.06687	.47062
1.20	.19419	.38493	1.55	.12001	.43943	1.90	.06562	.47128
1.21	.19186	.38686	1.56	.11816	.44062	1.91	.06439	.47193
1.22	.18954	.38877	1.57	.11632	.44179	1.92	.06316	.47257
1.23	.18724	.39065	1.58	.11450	.44295	1.93	.06195	.47230
1.24	.18494	.39251	1.59	.11270	.44408	1.94	.06077	.47381
1.95	.05959	.47441	2.30	.02833	.48928	2.65	.01191	.49598

续表

Z	Y	P	Z	Y	P	Z	Y	P
1.96	.05844	.47500	2.31	.02768	.48956	2.66	.01160	.49609
1.97	.05730	.47558	2.32	.02705	.48983	2.67	.01130	.49621
1.98	.05618	.47615	2.33	.02643	.49010	2.68	.01100	.49632
1.99	.05508	.47670	2.34	.02582	.49036	2.69	.01071	.49543
2.00	.05399	.47725	2.35	.02522	.49061	2.70	.01042	.49653
2.01	.05292	.47778	2.36	.02463	.49086	2.71	.01014	.49664
2.02	.05186	.47831	2.37	.02406	.49111	2.72	.00987	.49674
2.03	.05082	.47882	2.38	.02349	.49134	2.73	.00961	.49683
2.04	.04980	.47932	2.39	.02294	.49158	2.74	.00935	.49693
2.05	.04879	.47982	2.40	.02239	.49180	2.75	.00909	.49702
2.06	.04780	.48030	2.41	.02186	.49202	2.76	.00885	.49711
2.07	.04682	.48077	2.42	.02134	.49224	2.77	.00861	.49720
2.08	.04586	.48124	2.43	.02083	.49245	2.78	.00837	.49728
2.09	.04491	.48169	2.44	.02033	.49266	2.79	.00814	.49736
2.10	.04398	.48214	2.45	.01984	.49286	2.80	.00792	.49744
2.11	.04307	.48257	2.46	.01936	.49305	2.81	.00770	.49752
2.12	.04217	.48300	2.47	.01889	.49324	2.82	.00748	.49760
2.13	.04128	.48341	2.48	.01842	.49343	2.83	.00727	.49767
2.14	.04041	.48382	2.49	.01797	.49361	2.84	.00707	.49774
2.15	.03955	.48422	2.50	.01753	.49379	2.85	.00687	.49781
2.16	.03871	.48461	2.51	.01709	.49396	2.86	.00668	.49788
2.17	.03788	.48500	2.52	.01667	.49413	2.87	.00649	.49795

续表

Z	Y	P	Z	Y	P	Z	Y	P
2.18	.03706	.48537	2.53	.01625	.49430	2.88	.00631	.49801
2.19	.03626	.48574	2.54	.01585	.49446	2.89	.00613	.49807
2.20	.03547	.48610	2.55	.01545	.49461	2.90	.00595	.49813
2.21	.03470	.48645	2.56	.01506	.49477	2.91	.00578	.49819
2.22	.03394	.48679	2.57	.01468	.49492	2.92	.00562	.49825
2.23	.03319	.48713	2.58	.01431	.49506	2.93	.00545	.49831
2.24	.03246	.48745	2.59	.01394	.49520	2.94	.00530	.49836
2.25	.03174	.48778	2.60	.01358	.49534	2.95	.00514	.49841
2.26	.03103	.48809	2.61	.01323	.49547	2.96	.00499	.49846
2.27	.03034	.48840	2.62	.01289	.49560	2.97	.00485	.49851
2.28	.02965	.48870	2.63	.01256	.49573	2.98	.00471	.49856
2.29	.02898	.48899	2.64	.01223	.49585	2.99	.00457	.49861
3.00	.00443	.49865	3.35	.00146	.49960	3.70	.00042	.49989
3.01	.00430	.49869	3.36	.00141	.49961	3.71	.00041	.49990
3.02	.00417	.49874	3.37	.00136	.49962	3.72	.00039	.49990
3.03	.00405	.49878	3.38	.00132	.49964	3.73	.00038	.49990
3.04	.00393	.49882	3.39	.00127	.49965	3.74	.00037	.49991
3.05	.00381	.49886	3.40	.00123	.49966	3.75	.00035	.49991
3.06	.00370	.49889	3.41	.00119	.49968	3.76	.00034	.49992
3.07	.00358	.49893	3.42	.00115	.49969	3.77	.00033	.49992
3.08	.00348	.49897	3.43	.00111	.49970	3.78	.00031	.49992
3.09	.00337	.49900	3.44	.00107	.49971	3.79	.00030	.49992

续表

Z	Y	P	Z	Y	P	Z	Y	P
3.10	.00327	.49903	3.45	.00104	.49972	3.80	.00029	.49993
3.11	.00317	.49906	3.46	.00100	.49973	3.81	.00028	.49993
3.12	.00307	.49910	3.47	.00097	.49974	3.82	.00027	.49993
3.13	.00298	.49913	3.48	.00094	.49975	3.83	.00026	.49994
3.14	.00288	.49916	3.49	.00090	.49976	3.84	.00025	.49994
3.15	.00279	.49918	3.50	.00087	.49977	3.85	.00024	.49994
3.16	.00271	.49921	3.51	.00084	.49978	3.86	.00023	.49994
3.17	.00262	.49924	3.52	.00081	.49978	3.87	.00022	.49995
3.18	.00254	.49926	3.53	.00079	.49979	3.88	.00021	.49995
3.19	.00246	.49929	3.54	.00076	.49980	3.89	.00021	.49995
3.20	.00238	.49931	3.55	.00073	.49981	3.90	.00020	.49995
3.21	.00238	.49934	3.56	.00071	.49981	3.91	.00019	.49995
3.22	.00238	.49936	3.57	.00068	.49982	3.92	.00018	.49996
3.23	.00238	.49938	3.58	.00066	.49983	3.93	.00018	.49996
3.24	.00238	.49940	3.59	.00063	.49983	3.94	.00017	.49996
3.25	.00238	.49942	3.60	.00061	.49984	3.95	.00016	.49996
3.26	.00238	.49944	3.61	.00059	.49985	3.96	.00016	.49996
3.27	.00238	.49946	3.62	.00057	.49985	3.97	.00015	.49996
3.28	.00238	.49948	3.63	.00055	.49986	3.98	.00014	.49997
3.29	.00238	.49950	3.64	.00053	.49986	3.99	.00014	.49997
3.30	.00238	.49952	3.65	.00051	.49987			
3.31	.00238	.49953	3.66	.00049	.49987			

续表

Z	Y	P	Z	Y	P	Z	Y	P
3.32	.00238	.49955	3.67	.00047	.49988			
3.33	.00238	.49957	3.68	.00046	.49988			
3.34	.00238	.49958	3.69	.00044	.49989			

附表 3　　积差相关系数(r)显著性临界值

$df=N-2$	$a=.10$	.05	.02	.01
1	.988	.997	.9995	.9999
2	.900	.950	.980	.990
3	.805	.878	.934	.959
4	.729	.811	.882	.917
5	.669	.754	.833	.874
6	.622	.707	.789	.834
7	.582	.666	.750	.793
8	.549	.632	.716	.765
9	.521	.602	.685	.735
10	.497	.576	.658	.708
11	.476	.553	.634	.684
12	.458	.532	.612	.661
13	.441	.514	.592	.641
14	.426	.497	.574	.623
15	.412	.482	.558	.606
16	.400	.468	.542	.590

续表

df=N−2	a=.10	.05	.02	.01
17	.389	.456	.528	.575
18	.378	.444	.516	.561
19	.369	.433	.503	.549
20	.360	.423	.492	.537
21	.352	.413	.482	.526
22	.344	.404	.472	.515
23	.337	.396	.462	.505
24	.330	.388	.453	.496
25	.323	.381	.445	.487
26	.317	.374	.437	.479
27	.311	.367	.430	.471
28	.306	.361	.423	.463
29	.301	.355	.416	.456
30	.296	.349	.409	.449
35	.275	.325	.381	.418
40	.257	.304	.358	.393
45	.243	.288	.338	.372
50	.231	.273	.322	.354
60	.211	.250	.295	.325
70	.195	.232	.274	.302
80	.183	.217	.256	.283
90	.173	.205	.242	.267
100	.164	.195	.230	.254

附表 4

t 值

df	最大 t 值的概率(双侧界限)								
	0.5	0.4	0.3	0.2	0.1	0.05	0.02	0.01	0.001
1	1.000	1.376	1.963	3.078	6.314	12.706	31.821	63.657	636.619
2	.816	1.061	1.386	1.886	2.920	4.303	6.965	9.925	31.598
3	.765	.978	1.250	1.638	2.353	3.182	4.541	5.841	12.941
4	.741	.941	1.190	1.533	2.132	2.766	3.747	4.604	8.610
5	.727	.920	1.156	1.476	2.015	2.571	3.365	4.032	6.859
6	.718	.906	1.134	1.440	1.943	2.447	3.143	3.707	5.959
7	.711	.896	1.119	1.415	1.896	2.365	2.998	3.499	5.409
8	.706	.889	1.108	1.397	1.860	2.306	2.896	3.355	5.041
9	.703	.883	1.100	1.383	1.833	2.262	2.821	3.250	4.781
10	.700	.879	1.093	1.372	1.812	2.228	2.764	3.169	4.587
11	.697	.876	1.088	1.363	1.796	2.201	2.718	3.106	4.437
12	.695	.873	1.083	1.356	1.782	2.179	2.681	3.055	4.318
13	.694	.870	1.076	1.350	1.771	2.160	2.650	3.012	4.221
14	.692	.868	1.076	1.345	1.761	2.145	2.624	2.977	4.140
15	.691	.866	1.074	1.341	1.753	2.131	2.602	2.947	4.073
16	.690	.865	1.071	1.337	1.746	2.120	2.583	2.921	4.015
17	.689	.863	1.069	1.333	1.740	2.110	2.567	2.898	3.965
18	.688	.862	1.067	1.330	1.734	2.101	2.552	2.878	3.922
19	.688	.861	1.066	1.328	1.729	2.093	2.539	2.861	2.883
20	.687	.860	1.064	1.325	1.725	2.086	2.528	2.845	3.850
21	.686	.859	1.063	1.323	1.721	2.080	2.518	2.831	3.819

续表

df	最大 t 值的概率(双侧界限)								
	0.5	0.4	0.3	0.2	0.1	0.05	0.02	0.01	0.001
22	.686	.858	1.061	1.321	1.717	2.074	2.508	2.819	3.792
23	.685	.858	1.060	1.319	1.714	2.069	2.500	2.807	3.767
24	.685	.857	1.059	1.318	1.711	2.064	2.492	2.797	3.745
25	.684	.856	1.058	1.316	1.708	2.060	2.485	2.787	3.725
26	.684	.856	1.058	1.315	1.706	2.056	2.479	2.779	3.707
27	.684	.855	1.057	1.314	1.703	2.052	2.473	2.771	3.690
28	.683	.855	1.056	1.313	1.701	2.048	2.467	2.763	3.674
29	.683	.854	1.055	1.311	1.699	2.045	2.462	2.756	3.659
30	.683	.854	1.055	1.310	1.697	2.042	2.457	2.750	3.646
40	.681	.851	1.050	1.303	1.684	2.021	2.423	2.704	3.551
60	.679	.848	1.046	1.296	1.671	2.000	2.390	2.660	3.460
120	.677	.845	1.041	1.289	1.658	1.980	2.358	2.617	3.373
∞	.674	.842	1.036	1.282	1.645	1.960	2.326	2.576	3.291
df	0.25	0.2	0.15	0.1	0.05	0.025	0.01	0.005	0.0005
	更大 t 值的概率(单侧界限)								

附表 5　　　　高考标准分与百分等级对照

标准分	百分等级	标准分	百分等级	标准分	百分等级	标准分	百分等级
250	0.62	415	19.77	580	78.81	745	99.29
255	0.71	420	21.19	585	80.23	750	99.38
260	0.82	425	22.66	590	81.59	755	99.46
265	0.84	430	24.20	595	82.89	760	99.53
270	1.07	435	25.78	600	84.13	765	99.60
275	1.22	440	27.43	605	85.31	770	99.69
280	1.39	445	29.12	610	86.43	775	99.70
285	1.58	450	30.85	615	87.49	780	99.74
290	1.79	455	32.64	620	88.49	785	99.78
295	2.02	460	34.46	625	89.44	790	99.81
300	2.28	465	36.32	630	90.32	795	99.84
305	2.56	470	38.21	635	91.15	800	99.87
310	2.87	475	40.13	640	91.92	805	99.09
315	3.22	480	42.07	645	92.65	810	99.90
320	3.59	485	44.04	650	93.32	815	99.92
325	4.01	490	46.02	655	93.94	820	99.93
330	4.46	495	48.01	660	94.52	825	99.94
335	4.59	500	50.00	665	95.05	830	99.95
340	5.48	505	51.99	670	95.54	835	99.96
345	6.06	510	53.98	675	95.99	840	99.966
350	6.68	515	55.96	680	96.41	845	99.972
355	7.35	520	57.93	685	96.78	850	99.977

续表

标准分	百分等级	标准分	百分等级	标准分	百分等级	标准分	百分等级
360	8.08	525	59.87	690	97.13	855	99.981
365	8.85	530	61.79	695	97.44	860	99.984
370	9.68	535	63.68	700	97.72	865	99.987
375	10.56	540	65.54	705	97.98	870	99.989
380	11.51	545	67.36	710	98.21	875	99.991
385	12.51	550	69.15	715	98.42	880	99.993
390	13.57	555	70.88	720	98.61	885	99.994
395	14.69	560	72.57	725	98.78	890	99.995
400	15.87	565	74.22	730	98.93	895	99.996
405	17.11	570	75.80	735	99.06	900	99.997
410	18.41	575	74.34	740	99.18		

主要参考文献

[1]宋岭梅:《教学测量学》,华中师范大学出版社 1991 年版。

[2]涂艳国:《教学评价》,高等教育出版社 2007 年版。

[3][美]B. S. 布卢姆:《教学评价》,邱渊等译,华东师范大学出版社 1987 年版。

[4]盛奇秀:《中国古代考试制度》,山东教育出版社 1988 年版。

[5][日]槝田勖一:《教学评价》,李守福译,吉林教育出版社 1988 年版。

[6]黄光扬:《教学测量与评价》,华东师范大学出版社 2002 年版。

[7]李坤崇:《多元化教学测量》,台湾心理出版社 2001 年版。

[8]李泽厚:《批判哲学的批判》,人民教育出版社 1979 年版。

[9]黑格尔:《美学》第 1 卷,商务印书馆 1979 年版。

[10]《马克思恩格斯全集》第 3 卷,人民教育出版社 1958 年版。

[11]《马克思恩格斯全集》第 23 卷,人民教育出版社 1958 年版。

[12]陈琦、刘儒德:《当代教育心理学》,北京师范大学出版社 2007 年版。

[13]冯忠良等:《教育心理学》,人民教育出版社 2000 年版。

[14]施良方:《课程理论——课程的基础、原理与问题》,教育科学出版社 1996 年版。

[15]瞿葆奎:《教育学文集教育目的》,人民教育出版社 1989 年版。

[16]侯光文:《教学测量与教学评价》,明天出版社 1991 年版。

[17]施良方:《学习论——学习心理学的理论与原理》,人民教育出版社 1994 年版。

[18]张楚廷:《教学原则今论》,湖南师范大学出版社 1993 年版。

[12]王策三:《教学论》,人民教育出版社 1985 年版。

[19]郑金洲:《教学方法应用指导》,华东师范大学出版社 2006 年版。

[20][美]N. E. 格朗兰德:《教学测量与评价》,郑军等编译,河北教育出版社 1991 年版。

[21]王孝玲:《教学测量》,华东师范大学出版社 1989 年版。

[22][美]L. W. 安德森、[美]L. A. 索斯尼克:《布卢姆教育目标分类学——40 年的回顾》,谭晓玉等译,华东师范大学出版社 1998 年版。

[23]郑日昌等:《考试的教学测量学基础》,高等教育出版社 1990 年版。

[24]戴忠恒:《心理与教学测量》,华东师范大学出版社 1987 年版。

[25]漆书青:《教育统计与测量》,广东高等教育出版社 1999 年版。

[26]张敏强:《教学测量学》,人民教育出版社 1998 年版。

[27]王汉澜:《教学测量学》,河南大学出版社 1987 年版。

[28]李晓剩、陈珍珍:《如何正确应用 SPSS 做主成分分析》,载《统计研究》2010 年第 8 期。

[29]吴占福、马旭平、李亚奎:《统计分析软件 SPSS 介绍》,载《河北北方学院学报》2010 年第 1 期。

[30]薛薇:《SPSS 统计分析方法及其应用》,电子工业出版社 2005 年版。

[31]郭志刚:《社会统计分析方法——SPSS 应用》,中国人民大学出版社 1999 年版。

[32]林震岩:《多变量分析 SPSS 的操作与应用》,北京大学出版社 2007 年版。

[33]中国社会科学院语言研究所词典编辑室:《现代汉语词典》,商务印书馆 1983 年版。

[34]瞿葆奎:《教学评价(文集)》,人民教育出版社 1988 年版。

[35]教育部:《义务教育语文课程标准》,北京师范大学出版社 2011 年版。

[36]杨向东、崔允漷:《课堂评价:促进学生的学习和发展》,华东师范大学出版社 2012 年版。

[37][美]H. J. 沃尔博格:《教育大百科全书:教学评价》,张莉莉审译,西南师范大学出版社 2011 年版。

[38]丛立新:《评价的改革与反思》,载《教育科学研究》2003 年第 12 期。

[39]刘尧:《中国教学评价发展现状和趋势评论》,载《中国地质大学学报(社会科学版)》2003 年版第 5 期。

[40]王策三、裴娣娜、丛立新:《教学认识论》,北京师范大学出版社 2002 年版。

[41]马云鹏、刘学智:《发展性学生评价的理论与方法》,东北师范大学出版社 2006 年版。

[42]田友谊:《当代学生评价的理论与实践》,华中师范大学出版社 2012 年版。

[43]王权、邱学华:《教育的标准化测验》,河南教育出版社

1988 年版。

[44]王玉衡:《美国标准化测验的问题与质疑》,载《比较教育研究》2009 年第 9 期。

[45]黄希庭:《简明心理学词典》,安徽人民出版社 2004 年版。

[46]范晓玲:《教学评价论》,湖南教育出版社 1999 年版。

[47]李玉芝、赵欲春:《评价学业成就的方法》,光明日报出版社 1987 年版。

[48]王海芳:《学生发展性评价的操作与实例》,中国轻工业出版社 2006 年版。

[49]唐晓洁等:《课堂教学与学习成效评价》,广西教育出版社 2000 年版。

[50][美]W. J. Popham:《促进教学的课堂评价》,国家基础教育课程改革“促进教师发展与学生成长的评价研究”项目组译,中国轻工业出版社 2003 年版。

[51]黄光扬:《教育统计与评价新编教程》,华东师范大学出版社 2013 年版。